U0068322

隔岸觀火不燙手、馬屁拍好升官早！

BIG COMEBACK

CREATIVITY

反向致勝

「非」常態處世法，讓你操縱他人心想事成

一窺你迫切需要的十種成功金鑰！

腦洞大開的細節培養

迅速掌握處事方法的根源

成功沒那麼多問題，你有腦子就行！

成功沒背景、沒學歷、沒能力？

INNOVATION

GROWTH

RESEARCH

BRAINSTORM

SOLUTION IMPROVEMENT

編著　徐定堯，老泉

目錄

目錄

目錄

前言

看似忙忙碌碌，最後卻發現與期望背道而馳的情況是非常令人沮喪的，但這卻是許多效率低下、不懂得成功做事方法的人最容易犯的錯。他們往往把大量的時間和精力浪費在一些無用的事情上。

西班牙智慧大師巴爾塔沙·葛拉西安 (Baltasar Gracián) 告誡我們：做任何事情都不要太過匆忙，忙亂中容易出差錯。有些事情不可不問，有些事情不得不弄明白。凡事預則立，不預則廢。一個人只有認清自己的做事方向，才懂得如何去合理安排工作、制定工作進度，從而選擇正確的方法。也只有這樣，才能高效地做事，出色地成事。

事實上，天下的事是永遠做不完的，最難的不是不知道怎麼去做，而是不知道該做什麼。當各種事情堆在一起時，許多人都抓不住重點，不懂做事的關鍵，又怎能做好事呢？其實解決問題必須抓住關鍵，這樣才能取得事半功倍的效果，這樣做事才離成功最近。

俗話說：打蛇打「七寸」，做事就要抓住事中的「七寸」。這「七寸」就是事情的關鍵，就是要害部位。每件事情都不盡相同，關鍵部位也不會一樣，有的可能是準備不足，也有的可能是目標不明確，還有可能是細節不重視，或者是沒有開拓思維，或者是做事的手腕不夠硬……總之，只要抓住了事情的關

鍵，就能正確做事，就能做正確的事，就不怕做不成事。

　　本書抓住成功做事的十個最重要的關鍵，即「七寸」，為大家獻上成功做事的方法和技巧。即使你沒有背景、沒有家勢、沒有錢財、甚至沒有學歷、沒有能力，都不怕，只要你有腦子就行，只要你懂得抓住事情的關鍵就行，只要你努力肯做就行，成功一定離你不遠！

　　真心希望你讀了本書後會有所啟迪，有所收獲，當你明白你所面對的事情的「七寸」在哪裡的時候，成功就已經開始向你走來。

第一章 修養高一點，打鐵尚須自身硬

—— 工欲善其事必先利其器

工欲善其事，必先利其器。這句話可以理解為：一個人無論做什麼事，要想成功，最重要的前提是要從自身做起，提高個人修養，做好自己。提升個人修養、培養自己的各種能力，不僅對自我人格的完善具有不可忽視的價值，而且是當今社會發展，在競爭中獲取成功的必然要求。不管做任何事情，若沒有充足的準備，一切理想和抱負將都是一句空話。

做事前先學會做人

做事先做人，這是一個老話題，但又老而常新，它的意思就是說：在學會做事之前，先要把做人的道理弄懂，做一個為人處世合格的人，這樣才能為成功做事打好基礎。古往今來的許多案例都遵循著這樣的規律。

成功做人的典範很多，比如孔子，又比如曾國藩。在此，我們先看孔子的一個小故事：

據說有一天，齊國派使者向孔子請教問題，孔子的弟子顏回在一旁倒茶，一不小心，顏回的大袖子把茶杯帶到了地上，摔了個粉碎。這個茶杯是孔子專用的，平日非常愛惜，顏回怕孔子知道了生氣，就偷偷的把杯子的碎片藏起來又拿出個新的，裝作若無其事的樣子，心裡還沾沾自喜的想著躲過了一場責怪。使者請教完，孔子和顏回送使者出門，忽見一支發喪的隊伍走來，孝子哭得驚天動地，顏回見景說道：「自古常理，人死不會活呀！」

孔子在一旁接話：「人厚了也不會薄呀，我們師徒這麼多年，還有什麼事要遮遮掩掩的呢？」顏回知道孔子的意思，便滿臉羞愧。

孔子說：「茶杯摔壞了沒什麼，跟我說一聲，以後做任何事要謹慎細心就好了，何必把簡單的事情弄複雜了呢？」

孔子的學生就是這樣向孔子學習如何做人的。

曾有位記者在家寫稿時，他的四歲兒子吵著要他陪。他感

到很煩躁,就將一本雜誌的封底撕碎並對兒子說:「你先將這上面的世界地圖拼完整,爸爸就陪你玩。」

過了不到五分鐘,兒子又來拉他的手說:「爸爸我拼好了,陪我玩!」。

記者很生氣:「小孩子貪玩可以理解,但如果說謊話就不好了。你怎麼可能這麼快就拼好世界地圖?」

兒子非常委屈:「可是我真的拼好了呀!」

記者一看,果然如此!不會吧?家裡出現了神童?他非常好奇的問:「你是怎麼做到的?」

兒子說:「世界地圖的背面是一個人。我反過來拼,只要這個人好了,世界就完整了。」

「只要這個人好了,世界就完整了。」他兒子一句無意之中說出來的很單純的話,卻有著十分深刻的哲理 —— 做事先做人!只要做人做好了,他的世界也就是好的。

小孩子當然不能完全領悟這種人生道理,但小孩子的話卻讓我們大人不得不反思:你在做事前先學會做人了嗎?

人之所以為人,就是因為人有人品,人有人德。

記得老師說過:「好德如好色!厚德才能載物!」如果每一個人都把德擺在第一位,做事將省力很多,這個世界也將和諧很多……

「小勝靠智,大勝靠德」,縱觀古今中外,凡成功者都能以德服人,以德服天下。得人心者德也!

　　現在書店裡的勵志書很多，其中有一本書的名字就叫《做事先做人》。裡面講的全是一些成功人士或者社會名流的成功感言以及做事方法。其學會做人並不是說有一個十分準確或者說統一的標準，可以具體指明每一件事該如何做，做事的方法沒有絕對的對和錯，具體情況要具體分析。

　　如何來先做人呢？看看那些相對於自己來說比較成功的人他們是怎麼去做每一件事，或者他們的生活態度是什麼樣的，他們面對困難時是怎麼調節心情、怎樣想對策的。他們之所以成功，因為他們會做人，這裡說的做人就是他們的處世哲學，也許，對他們自己適用的處世方法並不適合其他人，但總結眾多成功的人的共同點可以發現一些規律，換句話說雖然他們成功的途徑不同，但他們成功的方法勢必會有相同之處，他們的處世原則總有相似之處，這些相似的方法就是我們要學習的東西，我們為人處世要用的東西，就像數學裡的定理、物理裡的公式，題目是不同的，但抓住關鍵的公式或者定理就能解決許多類似的題目。

　　人生也是一樣，做人的定理很多，雖然不適合自己的定理也很多，但我們就要在實踐中去挖掘，去發現，看看到底適合自己的定理在哪裡。說得通俗一點，就是我們應該怎樣為人處世，就像說我們要懂禮節、守法一樣，其實也是一種定理，你不懂禮節不會被大家所接受，不守法必然會受到法律的制裁，這就是一種最基本的定理。那麼見到什麼樣的人說什麼樣的

話，比如見到老闆該說什麼、不該說什麼，見到刁蠻的人自己應該持什麼樣的做人原則，是不卑不亢還是阿諛奉承，這都是做人的定理，只是我們應該去選擇適合自己的那條罷了。

聽新來的同事說過一件事：小王和小胡都是公司新分來的實習生，兩人被安排在同一個部門，做同樣的工作，在工作能力和工作業績上也不相上下，但兩個人在為人處世方面卻有很大不同。

小王比較「直爽」，見到人要麼直呼其名，要麼小趙、老魏的喊。有一次，小王的頂頭上司張經理正在會議室接待客人，小王突然出現在門口，大聲喊：「老張，你的電話。」剛剛三十五歲的張經理，竟被人喊老張，又是當著客人的面，而且喊自己的人還是自己的部下，自然感到心裡不舒服。

而小胡就不同了，見到誰都畢恭畢敬的，小心翼翼的喊張經理、馬主任；沒有職務的，她就喊陳姐或劉大哥；年齡稍長的職工，她就喊郭先生。

小王只有上班時才來公司，下班就走人，與公司裡的人也沒有過多交往。小胡下班以後，看有人沒走就會留下來，跟人家聊聊天。誰有什麼困難，她也會盡力幫助。當然，她也會經常向別人求助。

後來，張經理手下的一個副經理調到別的部門主持工作了，公司決定採用公開競聘的方式選拔新的副經理。小王和小胡因為都是大學學歷，又都是業務核心人員，符合公司規定的

競聘條件，於是兩人都報名。評委由公司中層以上幹部和職工代表組成。競聘的結果大家可能已經猜到了：小胡以絕對的優勢擊敗了小王，成為公司最年輕的中層幹部。

由此可知，學會做人，是做事的前提和根本。工作的成功同樣處處是技巧。人應該考慮先做人，後做事。不急功近利，漸漸會徹底明白，為什麼「小勝靠智，大勝靠德」！

行止有度，循序而動

一個擅長做事的人，處事應行止有度、循序而動。要行於其所當行，止於其所當止；屈於其所當屈，伸於其所當伸。北宋哲學家邵雍曾云：「知行知止惟賢哲，能屈能伸是丈夫。」該享受則享受，當勞累便勞累，依理而行，循序而動。如果必須，做得天下，若非合理，毫末不取。

自律和我們古人提出的慎獨有密切的連繫。在人前如何，談不上自律，有時候是為了面子，或為了標榜什麼的。一個人獨處時，才最檢驗一個人的自律操守。柳下惠坐懷不亂，曾參守節辭賜，蕭何慎獨成大事。東漢楊震的「四知」箴言，「天知、地知、你知、我知」慎獨拒禮；三國時劉備的「勿以惡小而為主，勿以善小而不為」。范仲淹食粥心安，宋人袁采「處世當無愧於心」，李幼廉不為美色金錢所動。元代許衡不食無主之梨，「梨雖無主，我心有主」；清代林則徐的「海納百川，有容乃大；壁立千仞，無欲則剛」，葉存仁「不畏人知畏己知」，曾國藩的「日課四條」：慎獨、主敬、求仁、習勞，其所謂慎獨則心

泰，主敬則身強。以上種種，無一不是慎獨自律、道德完善的體現。這些都是歷史故事，但慎獨的精神永不過時。慎獨是一種情操，慎獨是一種修養，慎獨是一種坦蕩，也是一種自我的挑戰與監督。

所謂自制，通俗的解釋就是自我克制。自制與自律有細微的區別，前者偏重於欲望、情緒的克制，後者偏重於德行的約束。一個人自制力的高低，主要體現在是否能夠在日常生活與工作中克服不利於自己的恐懼、猶豫、懶惰等。培養自制力應該從生活中的細微小事做起。所謂「君子有所為有所不為」，指的就是自制。

一個人要做事成功，其最大障礙不是來自於外界，而是自身，如果除了力所不能及的事情做不好之外，自身能做的事不做或做不好，那就是自身的問題，即自制力的問題。一個成功的人，其自制力表現在：大家都去做但情理上不能做的事，他會克制而不去做；大家都不敢但情理上應做的事，他卻強制自己去做。

良好的自制力是一個成年人的必備素養。有了良好的自制力，可以使你具有良好的人格魅力，增強自己的親和力，更容易得到別人的認同，擁有更多的朋友和知己，使得自己的交際範圍更為廣泛，在與朋友的交往中學習別人的優點，吸取別人的教訓，進一步的完善自我。

自制力可以激勵自我，從而提高自我；也可以使自己戰勝

弱點和消極情緒，從而實現自己的目的。

自亞里斯多德到近代的哲學家們都認為：「美好的人生建立在自我控制的基礎上。」自制力是我們實現自我價值的重要素養，是我們人生轉折和飛躍的保險繩。有了較強的自制力，我們在前進的道路上便不會迷失方向，不會被各種外物所誘惑，不會因為其他事情而影響了自己的判斷。

一個沒有良好自制力的人，人生就會被他所不能自制的東西所「制」。不能自制者，必受他制。雨果說：「真正的強者是那種具有自制力人」。

讓自己內涵豐富

一個人有了內涵，才會是高素養的；若缺少內涵，不僅做人失敗，很多事都會做不成。

內涵就是一個人的修養。它表現在一個人不要過分計較個人成敗得失，也不要因為一時的利益或一人一事的欲求而亂了方寸，做出一些出格的事情來。

漢初三傑張良、蕭何、韓信都是有很高涵養的人。據史書記載，有一次，青年張良在下邳縣橋上路過，見一個穿著麻布衣服的老頭，從對面走來，他來到橋上，竟然故意將腳上穿的鞋子扔到橋下，並回頭很無禮的對張良說：「小夥子，下去把我的鞋子撿上來！」張良十分驚愕，真想揍他，但他沒有這樣做，而是忍住怒火，跑到橋下，將鞋子撿了上來。老頭又說：「給我穿上！」張良老實的跪在地上幫他穿上鞋子。老頭穿上鞋大笑

而走。張良驚奇不已，目送老頭走遠。老頭走了大約一裡路，又折回來對張良說：「你這個人可以教誨。五天後黎明，你到這裡來見我。」張良更感奇怪，跪在地上說：「好。」五天後的黎明，張良來了，可惜來晚了，老頭早就在那裡等他，老頭見了張良十分生氣說：「你不守時！與老人約會，你還遲到？」轉身就走，並說：「五天後，你可得早點來。」五天後，天剛濛濛亮，張良就來了，沒想到，老頭又先到了。老頭見張良又遲到，再次生氣說：「為什麼又來這麼晚？」又轉身就走，邊走邊說：「五天後，你可要早點來。」五天後的深更半夜，張良就來到那裡等那個老頭。不久，老頭來了，高興的說：「應該像這樣嘛！。」並拿出一本書送給張良說：「讀這本書就能做皇帝的老師。十年後你將會發達。十三年後你會在濟北見到我，穀城山下的黃石就是我。」話一說完，老頭就走了，也沒有再出現過。天亮後，張良看這本書，原來是《太公兵法》。從此，張良經常學習誦讀這本書，終於成為一個深明韜略、文武兼備、足智多謀的「智囊」，輔佐劉邦打天下，獲得了豐功偉績。

據《漢書·韓信傳》記載，韓信在年輕的時候喜歡擺譜，經常將劍帶在身上，在街上逛。有一次，淮城的一個年輕的屠戶想侮辱韓信，就對他說：「別看你個頭大，又喜歡帶刀劍裝模作樣，實際上你是一個懦夫。」並當著很多人對他說：「你有本事，不怕死，有膽量，就用你的劍刺殺我；你怕死，膽小不敢這樣做，就從我的胯底下爬出去。」韓信注視了對方好久，慢慢低下

身來，真的從他的胯襠下爬了出去。從此後，所有的人都恥笑韓信，認為他是個怯懦之人。實際上，韓信是一個有著雄才偉略的人才，他覺得與這個屠戶計較不值，我要成就大的事業，現在殺了他而引發牢獄之災得不償失。韓信能忍胯下之辱，那可是相當了不起的精神。這就是涵養的力量。

　　身為一個現代人，怎樣做才能提高自己涵養呢？根據前人的經驗，可以總結出以下十點：

1. **不要自視清高**：天外有天，人上有人，淡泊明志，寧靜致遠。要懂得權力是一時的，金錢是身外的。身體是自己的，做人是長久的。

2. **不要盲目承諾**：言而有信，種下行動就會收獲習慣，種下習慣便會收獲性格，種下性格便會收獲命運。可以說，習慣造就一個人。

3. **不要輕易求人**：把自己當別人 —— 減少痛苦、平淡狂喜；把別人當自己 —— 同情不幸，理解需要；把別人當別人 —— 尊重獨立性，不侵犯他人；把自己當自己 —— 珍惜自己，快樂生活。能夠認識別人是一種智慧，能夠被別人認識是一種幸福，能夠自己認識自己是聖者賢人。

4. **不要強加於人**：人本是人，不必刻意去做人；世本是世，無需精心去處世。人生三種境界：看山是山，看水是水 —— 人之初；看山不是山，看水不是水 —— 人到中年；看山還是山，看水還是水 —— 回歸自然。

5. **不要取笑別人**：損害他人人格，快樂一時，傷害一生。

6. **不要亂發脾氣**：發脾氣一傷身體，二傷感情。

7. **不要信口開河**：言多必失，沉默是金；傾聽是一種智慧、一種修養、一種尊重、一種心靈的溝通。

8. **不要小看儀表**：儀表其實是一種心情，也是一種力量，在自己審視美的同時，讓別人欣賞美。

9. **不要封閉自己**：幫助人是一種崇高，理解人是一種豁達，原諒人是一種美德，服務人是一種快樂。月圓是詩，月缺是花，仰首是春，俯首是秋。

10. **不要欺負老實人**：同情弱者是一種品德、一種境界、一種和諧。人有一分器量，便多一分氣質，人有一分氣質，便多一分人緣，人有一分人緣，便多一分事業。

總之，涵養使人嚴肅而不孤僻，使人活潑而不放浪，使人穩重而不呆板，使人熱情而不輕狂，使人沉著而不寡言，使人和氣而不盲從。每個人都是塑造自己的工程師，我們每個人都要提高自己的涵養。

培養好自己的人格魅力

偉人大都具有非凡的人格魅力，而一個普通的人需不需要有人格魅力呢？絕對需要！因為做任何事，非凡的人格魅力能決定你的成敗，甚至影響你一生。我們先看這樣一篇文章：

坐在臺前，你侃侃而談，面對我們這些從未見過面的陌生人，你卻親切得猶如一位鄰家的大姐。低吟淺笑間，把你的童

年你的創業經歷你對知識的渴求和你對商業獨特的經營手法娓娓道來，很快，你就吸引了我們全體的注意。幾次發自內心的笑聲都傳達著我們的敬意。那時的你，絲毫沒有女強人的精悍和肅然，一顰一笑一舉手一投足都有一種濃濃的成熟女人味，隨意而不張揚，內斂而不呆板。

　　感動於你的樸實。家財萬貫，卻依然只是農民的女兒。憶起童年時的點點滴滴，依稀還是當年的九妹的模樣。憶苦思甜，你拋卻虛榮憎惡鋪張，很多的事例很多的言語讓我們覺得你雖然身為商業鉅子，骨子裡卻依然保存著農民女兒的善良淳樸和節儉。也許很多事是自小就刻在你心底的，無論以後走得多遠始終留一份牽掛給年邁的父母，給家鄉的父老。

　　驚喜於你的坦率。你說，我不是在開會，而是自己人在一起聊家常，很讓人感動的一句話，一下子就把我們心底的距離拉近了。聽你談生意經，聽你談商家的一些經營方法，很多事都讓我們深受啟發。也讓我們從心底裡走出了消費的盲點。也許，在別人看來，這樣的言語不該由一個董事長說出來，只是，正是你的坦率，才會讓你的職工你的顧客還如此信任你吧？你的成功，很多方面我覺得也是性格因素決定的。

　　這篇文章中描寫的這個人，就是一位普通的女強人，一位馳騁風雲的董事長，一位平凡的女企業家：陸亞萍。她為什麼贏得那麼多人的信賴和敬重，我認為主要在於她具有非凡的人格魅力。

　　人格魅力不是追求完美，而是一種積極的心態，只要是真實的自我就好，只要真誠就好，我一直都認為，待人心眼實一點、心誠一點、信用高一點，就會獲得信賴、理解、支援、合作。也就是說，對身邊的人，應該多一點信任，少一些猜疑，多一點真誠，少做一點挖牆腳的事。如果你身邊有一個人天天都在懷疑你，對任何人都不信任，對每個人說過的話都經不起時間的推敲，那你給他打幾分？

　　人格魅力是獨立的，要敢想敢說敢做。如果有了想法卻不敢說，自己都悶在心裡，那別人就會把你當做透明人。有些人不敢暴露自己的感受、欲望，除非這些感受和欲望使別人高興和滿意，會給人好印象的。有些對別人不滿、厭煩、不贊成、不滿意、不喜歡的意思統統藏在心底，不讓人知道，以免惹是生非，得罪他人。有些人怕露出自己的缺點和笨拙，會讓別人瞧不起，不敢參加自己不擅長的活動，不在公共場合發言，怕授人把柄說自己驕傲自負。我想這樣的人遲早會把自己活丟了的。有些人只會按著別人的思路去做事，自己想的不敢去做，生怕出錯，那這樣的人永遠也不會成功，因為他把人格活丟了。

　　人格魅力中應有善良的本性，沒有善良的本性的人是無論如何不會有人格魅力的。沒有善良的本性，就不可能做到真心為他人著想。人格魅力是有自知之明，不斷學習，一個人要知道自己的優點和缺點。只有真正了解自己，才會知道如何發揚自身優勢，從何處改進自己。

　　要具有人格魅力就要學會包容，沒有人總是正確的，對每個人都一樣。對你不喜歡的人，是敬而遠之，還是盡可能團結在一起工作？具有人格魅力的人，肯定選擇後者。如果你碰上身邊的人犯錯誤，心情好的時候沒事，心情不好的時候就開始亂發脾氣的人，你對這個人的評價會怎樣？

　　要具有人格魅力就要有是非觀念，絕不做老好人。想讓所有人都喜歡你，那是做不到的，但你能做到讓所有人都敬佩你。沒有是非觀念，評價什麼人都說好，那是最沒有人格魅力的表現。要知道，大部分人都希望跟著一幫有是非觀念的人組成團隊，因為這樣，他們才會感覺到自己處在一個有希望的團隊中。

　　一個人如果具有人格魅力，人人喜歡你，敬重你，願與你合作共事，那麼，你還有什麼事不能辦呢？你還有什麼做不成的事呢？

　　培養人格魅力的方法很多，心理學家提供的幾種培養人格魅力的方法值得我們參考：

1. 在任何場合中，謹記以禮待人，舉止溫雅
2. 性格開朗，和藹可親，特別是應該具有接受批評的雅量和自嘲的勇氣
3. 對別人顯示濃厚的興趣和關心，大多數人都喜歡談自己，因此在與人交際時應該懂得如何引發對方表露自己
4. 與人交往時，經常和他們的目光相接觸，使對方產生知己之感

5. 博覽群書，使自己不致言談無味
6. 慷慨大度，這樣才能獲得別人的欣賞

克服不良習慣

做事前必須把自己的不良習慣克服掉，否則它會直接影響我們的辦事效率，不僅有可能辦不成事，還有可能會誤事，造成不可挽回的損失。

實際上，不良習慣在我們生活、工作中存在很多，我們只是在日常生活和工作中漠視這些不良習慣；只是我們沒有發現而已。是對這些不良習慣不重視？還是對這些不良習慣習以為常？還是沒有努力克服？我們可以對我們以前做的事情做一下簡單的總結，很多失敗的案例的原因是不是來自我們的不良習慣？所以我們不僅要對我們日常生活、工作、學習中的不良習慣給予足夠的重視，而且要努力改正這些不良習慣，才能做成事，做大事。

在工作當中，每個人都有自己的行為習慣，但有些壞習慣會成為你實現目標的障礙。下面是十二種常見的壞習慣，雖然它們不像酗酒和吸毒具有那麼明顯的破壞性，但絕對會阻礙你取得事業的成功。

一、辦事拖延

一名信仰完美主義的美術設計師總是很晚才交上作品，但他沒有意識到，準時與作品品質具有同等的重要性。在現代企業中，每個人的工作往往要等到前一個人完成其分工部分後才

能開始。如果你在競爭中拖拖拉拉，其他人就不再依賴你，甚至開始怨恨你、拋棄你。

二、投機取巧

如果有一隻幼蝶在繭中艱難掙扎，你用剪刀幫他將繭剪掉，讓它輕易的從中出來，過不了多久，你就會發現，他竟然死掉了。因為幼蝶在繭中掙扎的生命過程是他來到世上生存的不可缺少的一部分，是為了讓他的身體更加結實、翅膀更加有力，而「剪繭」這種投機取巧的方法只會讓其失去生存和飛翔的能力。

三、馬虎輕率

許多人之所以失敗，往往是因為他們馬虎大意、魯莽輕率。泥瓦工和木匠可能靠半生不熟的技術建造房屋，磚塊和木料拼湊成的建築有些在尚未售出之前，就已經在暴風雨中坍塌了。醫科大學畢業的學生因為沒有花時間和精力好好為未來做準備，做起手術來捉襟見肘，把病人的生命當兒戲。一些律師只顧死記法律條文，不注意在實踐中培養自己的能力，真正處理起案件來也難以應付自如，白白花費當事人的金錢……蓋高樓時小小的誤差，可以使整幢建築物倒塌；不經意拋在地上的菸蒂，可以使整幢房屋甚至整個村莊化為灰燼。

當你在工作時，應該這樣要求自己：能做到最好就不要做到差不多；可以努力達到藝術家的水準，就不要甘心淪為一個平庸的畫匠。

四、淺嘗輒止

在現代社會中，若企圖掌握好幾十種職業技能，還不如精通其中一兩種。什麼事情都知道些皮毛，還不如在某一方面懂得更多，理解得更透徹。

無論從事什麼職業都應該精通它。這是成功的一種祕密武器。現在，最需要做的就是「精通」二字。掌握自己職業領域的所有問題，使自己比他人更精通你就有可能比其他人有機會得到更好的提升和發展。

梭羅（Henry David Thoreau）說過：「判斷一個人的學識，就要看他主動把事情弄清楚的程度。」羅盤指針在被磁化之前所指的方向是不確定的。只有在被磁化具有特殊屬性之後，才成為羅盤。同樣的，一個人一開始可能確定不了自己的方向，但是他最終必須確立一個自己發展的空間，並且要非常精通，只有這樣，淵博的知識對其發展才有裨益。

許許多多「離成功只有一步之遙」的人，恰恰因為缺乏最後跨入成功門檻的勇氣而功敗垂成。

五、不吸取教訓

成功人士之所以成功，不在於他們比其他人犯的錯誤更少，而在於他們不重複犯過去的錯誤。從錯誤中學到的東西常比成功教我們的更多，犯了錯誤卻不吸取教訓，白白放棄如此寶貴的受教育機會實在可惜。在你從錯誤中學習之前，你必須承認錯誤，不幸的是許多人拒絕認錯。

六、有能力、無魅力

隨著年齡的增長，人們更喜歡和有一定能力且平易近人的人交往，而不是那些腦瓜聰明卻不可一世的人。我認識一位絕頂聰明的管理諮商師，他因為不擅長人際交往而一再失敗，對此他還牢騷滿腹：「請根據我的成績來評判我，別在意我的態度。我可不是那些馬屁精。」他不明白，魅力是使人保持平和，而非教人溜鬚拍馬。以他的能力和資質完全可以登上成功之舟，可是他卻失之交臂。

七、當老好人

如果你總是為了取悅他人而唯唯諾諾，最後你反而會失去人們的尊敬。當你失去他人的尊敬後，要想重新獲得就很難。偶爾在與你持不同意見的人面前說不，同時保持彈性並能堅持自己的觀點，也是獲得尊敬的方法。有位獵頭公司管理人經常對應聘者說「不」來測試他們，因為人們對拒絕的反應，最能表現出他們是否具有領導才能。

八、眼高手低

「無知與眼高手低是人最容易犯的兩個錯誤，也是導致頻繁失敗的原因。」紙上談兵的人永遠無法取得成功。為什麼華盛頓、林肯這樣的偉人永遠只是少數，因為世界上顯然有著成千上萬和他們一樣富有理想的人，但大部分人卻在眼高手低的毛病中把機會扼殺了。

眼高手低，有時表現於不切實際的幻想。當分不清理想與

現實的區別時，失敗的陷阱差不多就被布好了。

九、推脫藉口

羅傑‧布萊克（Roger Black）曾說過：「我不想小題大做。即使我失敗了，也不想將疾病當成自己的藉口。」那些認為自己缺乏機會的人，往往是在為自己的失敗尋找藉口中。成功者不善於也不需要編造任何藉口，因為他們能為自己的行為和目標負責，也能享受自己努力的成果。那些實現自己目標，取得成功的人，並非有超凡的能力，而是有超凡的心態。

別再做那些無謂的解釋了，理解你的人不需要解釋，不理解你的人，解釋也是多餘的。趕緊動手做事吧。

十、吹毛求疵

人最大的缺點莫過於自己看不到自己的缺點，反而對別人吹毛求疵。請記住，當你說老闆刻薄時，恰恰證明你自己是刻薄的；當你說公司管理有問題時，恰恰就是你自己也有問題。

如果你將大部分時間和精力花在評論別人是與非，你自己可用的時間又能有多少呢？你還有時間去成功嗎？提高自己並不需要貶抑別人；獲取他人對你的信任，也並不需要中傷其他人。

看人應該看他的優點，必須盡量發現他人的優點。當然，發現了缺點之後，也應該馬上糾正，以七分心血去發現優點，用三分心思去挑剔缺點。

如果挑剔能使一部撞壞的汽車恢復完好如新的話，那將是

多麼的美好啊！但這是不可能的，對於已經發生的事情過分挑剔，什麼也不能挽回。如果我們能改變態度，少些指責，多些讚美，對自己對別人都是有好處的。

十一、斤斤計較

斤斤計較一開始只是為了爭取個人的利益，但久而久之，當它變成一種習慣時，為利益而利益，為計較而計較，就會使人變得心胸狹隘，自私自利。它不僅對老闆和公司造成損失，也會扼殺你的創造力和責任心。

付出多少，得到多少，這是一個基本社會規律。如果一個人在工作時能全力以赴，不計較眼前的一點利益，不偷懶混日子，即使現在他的薪水十分微薄，未來也一定會有所收獲。注重現實利益本身並沒有錯，問題在於現在的人過分短視，而忽略了個人能力的培養，他們在現實利益和未來價值之間沒有找到一個平衡點。

一個人如果鑽到錢眼裡去，如果總是計算著自己到底能賺到多少薪水；如果總是將自己困在裝著薪水的紅包裡，他怎麼能看到薪水背後獲得的成長機會呢？他又怎能意識到從工作中獲得技能和經驗對自己的未來將會產生多麼大的影響呢？

十二、消極懈怠

工作是人生的部分表現，職業則是志向的表現，理想的體現，因此了解一個人的工作，從某種程度上就是了解那個人。

自尊、自信是成就大事業的必備條件。那些在工作上不肯

盡力而只求敷衍塞責的人是無法具備這種自尊、自信的心態的，如果一個人輕視自己的工作，那麼他也絕不會被尊重。

無論你的工作地位如何平庸，如果你能像那些偉大的藝術家投入其作品一樣投入你的工作，所有的疲勞和懈怠都會消失殆盡。

積極的心態是一塊強有力的磁石，如同花蜜吸引蜜蜂一樣，將他人吸引到自己身邊。如果你面對世界展現出陽光般的心態，你的朋友和同事就會自然而然的聚集在你周圍。你的熱情會感染他們，影響他們，也給自己提供了一個更好的發展機會。

誠信是做事之準則

早在春秋時期，偉大的教育家孔子就說過「人而無信，不知其可也，大車無，小車無，其何以行哉」這樣的話。待人以誠，立信於社會，既是中華民族的傳統美德，也是一個人立身於社會的最基本的為人處世準則。

還有位哲人曾說過，人的境界可以分為五種，追求「真、善、美」乃是最高的境界。這其中的「真」，便是「誠信」。在「健康」、「美麗」、「誠信」、「機敏」、「才學」、「金錢」、「榮譽」這七個人生背囊中，我們可以丟棄「美麗」而醜陋，可以丟棄「金錢」而貧窮，也可以丟棄「榮譽」而平凡，但不可丟棄「誠信」而欺詐。

名人的誠信故事很多，我們身為普通人，還是來看看普通

人是如何誠實守信的：

一對新婚夫婦生活貧困，要靠親友的接濟才能活下去。一天，丈夫對妻子說：「親愛的，我要離開家了。我要去很遠的地方找一份工作，直到我有條件給你一種舒適體面的生活才會回來。我不知道會去多久，我只求你一件事，等著我，我不在的時候要對我忠誠，我也會對你忠誠的。」

很多天後，他來到一個正在招工的莊園，被錄用了。他要老闆答應他一個請求：「請允許我在這裡想幹多久就多久，當我覺得應該離開的時候，您就要放我走。我平時不想支取報酬，請您將我的薪水存在我的帳戶裡，在我離開的那天，您再把我賺的錢給我。」雙方達成了協定。

有人在那裡一工作就是年，中間沒有休假。一天，他對老闆說：「我想拿回我的錢，我要回家了。」老闆說：「好吧，我們有協定，我會照協定辦的。不過我有個建議，要麼我給你錢，你走人；要麼我給你三條忠告，不給你錢，然後你走人。你回房間好好想想再給我答覆。」

他想了兩天，然後找到老闆說：「我想要你那三條忠告。」老闆提醒說：「如果給你忠告，我就不給你錢了。」他堅持說：「我想要忠告。」

於是老闆給了他「三條忠告」：

第一，永遠不要走捷徑，便捷而陌生的道路可能要了你的命。

第二，永遠不要對可能是壞事的事情好奇，否則也會要了你的命。

第三，永遠不要在仇恨和痛苦的時候作決定，否則你以後一生會後悔的。

老闆接著說：「這裡有三個麵包，兩個給你路上吃，另一個等你回家後和妻子一起吃吧。」

在遠離自己深愛的妻子和家庭二十年後，男人踏上了回家的路。一天後，他遇到了一個人，那人問他：「你去哪裡？」他回答：「我要去一個沿著這條路要走二十多天的地方。」那人說：「這條路太遠了，我認識一條捷徑，幾天就能到。」他高興極了，正準備走捷徑的時候，想起老闆的第一條忠告，他回到了原來的路上。後來，他得知那個人讓他走的所謂捷徑完全是個圈套。

幾天後，他走累了，發現路邊有家旅館，他打算住一夜，付過房錢後他躺下睡了。睡夢中他被慘叫聲驚醒，他跳了起來，正想開門看看發生了什麼事，但他想起了第二條忠告，於是回到床上繼續睡覺。起床後，店主問他是否聽到了叫聲，他說聽到了，店主問：「您不好奇嗎？」他回答說不好奇。店主說：「您是第一個活著從這裡出去的客人。我的獨子有瘋病，他經常大聲叫著引客人出來，然後將他殺死埋掉。」

他接著趕路，終於在一天的黃昏時分，遠遠望見了自己的小屋。屋裡的煙囪正冒著炊煙，還依稀可以看見妻子的身影，

雖然天色昏暗，但他依然看清了妻子不是一個，還有一個男子伏在她的膝頭，她撫摸著他的頭髮。看到這一幕，他的內心充滿仇恨和痛苦，他想跑過去殺了他們，他深吸一口氣，快步走了過去，這時他想起了第三條忠告，於是停下來，決定在原地露宿一晚，第二天再做決定。天亮後，已恢復冷靜的他對自己說：「我不能殺死我的妻子，我要回到老闆那裡，求他收留我，在這之前，我想告訴我的妻子我始終忠於她。」她走到家門口敲了敲門，妻子打開門，認出了他，撲到他的懷裡，緊緊的抱住了他。他想把妻子推開，但沒有做到。他眼含淚水對妻子說：「我對你是忠誠的，可你背叛了我……」

妻子吃驚的說：「什麼？我從未背叛過你，我等了你二十年。」

他說：「那麼昨天下午你愛撫的那個男人是誰？」

妻子說：「那是我們的兒子。你走的時候我剛剛懷孕，今年他已經二十歲了。」

丈夫走進家門，擁抱了自己的兒子。在妻子忙著做晚飯的時候，他給兒子講述了自己的經歷。一家人坐下來一起吃麵包，他把老闆送的麵包掰開，發現裡面有一遝錢——他二十年辛辛苦苦勞動的工錢。

或許你會說：對事業誠信，我懂，但畢竟太高尚了。如果真的如此，那麼，你至少可以從「一毛錢」入手去擁抱誠信吧……

　　曾經有這樣一位老太太，一貧如洗。她東拼西湊的開了一家零件批發商店，多年之後竟然腰纏萬貫。何以至此？因為她堅信「一毛錢」中有誠信，即每盒零件只賺一毛錢。有一次，買方算錯了錢，老太太立即轉了幾趟車，親自把錢送還給買方。如今，這位文盲老太太依舊過著和多年前一樣的清苦日子，依舊堅持「一毛錢」的誠信，絲毫未因富裕而「昏頭」。有人問她為何這樣做，她只是說：「我覺得舒坦。」

　　區區「一毛錢」，何足掛齒，但其中包含了多少哲理啊！在當今，物質已越來越富足了，但更應「富足」的應是我們的精神家園！「人」字的一撇一捺，是互相支撐的；人人處在社會當中，何不多給彼此一點「誠信」的支持？

　　誠信與成功是連在一起的。它帶給人的或許是萬貫家財，即「金錢」；或許是功成名就，即「才學」；或許是流芳百世，即「榮譽」……但是，這一切都不是最根本的，最根本的乃是心靈的崇高和精神的富足。所以，朋友們，請背起「誠信」的行囊，哪怕它只與「一毛錢」有關……

不要意氣用事

　　三句話不對頭，便拍案而起怒髮衝冠；兩杯酒下肚，就勾肩搭背稱兄道弟 —— 這些意氣用事的行為非常幼稚。意氣行事是人對事物最膚淺、最直觀、最浮躁的反應，它往往只從維護情感主體的自尊和利益出發，不對事物作理智深入的考慮。這樣的人做事會完全跟著感覺走，沒有規則與尺度，害人害己，還

容易被他人所利用。

　　關羽曾經過五關斬六將、單刀赴會、水淹七軍，是何等英雄好漢。可是他有一個致命的毛病，就是喜歡意氣用事。當他受劉備重托留守荊州時，諸葛亮再三叮囑他一定要和孫權搞好關係，可是當孫權托媒人找關羽欲結兒女親家時，關羽居然怒氣衝衝的說：「我家的虎女怎麼能夠嫁給孫權的犬子？」不說關羽不知道天高地厚，即使孫權真的那麼不堪，他也不應該當著媒人的面說出如此傷人的話。耍大很過癮，但吳蜀聯盟破裂後刀兵相見，蜀國的日子便沒那麼好過了。關羽不但對對手意氣用事，對同僚也是如此。老將黃忠被封為後將軍，關羽當眾宣稱：「大丈夫始終不與老兵同行！」他如同一個小孩子，完全憑自己的喜怒說話行事，導致很多己方的將領對他既怕又恨，以至於當他陷入絕境的時候，眾叛親離，根本沒有人救援，最後落了個敗走麥城、被俘身亡的下場。

　　幾歲的小孩子，傷心就哭，開心就笑，憤怒時甚至將水杯摔在地上……他們的情緒都寫在臉上，體現在動作中，他們是可愛的。而作為成年人，若還是孩子氣十足，則不僅不可愛，而且會讓人生厭。

　　人的情感是很複雜的，比較難以控制與掌握，這就更需要我們用理智來控制情感，掌握情感的流向。情感是流動的，但有時候讓它安詳寧靜一會兒也是很必要的。讓情感平靜下來，在寧靜中回味一下，思索一下，只有這樣你才不至於在人生的

路上枉自宣洩。因為情感作為一種超自然的能量，它既有源且有限。

感情用事者多是感情不成熟的人。也許有人會說：「感情也會成熟嗎？」是的，人的感情也像果實一樣，有一個成熟的過程。感情成熟的人相應的很有理智，能夠控制自己的情緒，而絕不會感情用事。所以我們應該注意培養自己的感情，讓它逐步成熟起來。那麼，什麼樣的人才算感情成熟的人呢？

首先，感情成熟的人並不以幻想來自我陶醉，能面對現實，勇於接受挑戰；對前途不過分樂觀或悲觀，均持審慎的態度，不憑直覺，悉依實際，因而有良好的判斷力。其次，感情成熟的人，沒有孩提時代的依賴，能自覺自愛，自立自強，每遇困難時，能自謀解決，不求他人的同情與憐憫。因為性情恬逸，所以得失兩忘。享得繁華，耐得寂寞。再次，感情成熟的人，能冷靜的支付運用感情，也能有效的控制其昇華，因此他的感情，被人稱做像陳年的花雕，是那麼清醇馥郁，又如經霜的寒梅，是那麼冷豔芬芳……這雖然不能全面的概括感情成熟的人，但用來作為大致衡量的標準，還是適用的。

成功人士都是善於控制自己情緒的人。他們努力保持自己平和的心態，用理智約束自己的言行。諸葛亮率軍和司馬懿戰於祁山，司馬懿中計被燒，退至渭北紮寨，堅守不出。諸葛亮用激將法想激他出戰，於是叫人送書信以及女人用的裙釵脂粉給司馬懿，書信上寫的大意是：司馬懿你是一個大將軍，應

該披上戰袍拿著武器來和我們決一雌雄，要是龜縮在寨子裡，生怕刀槍傷到自己，和婦女有什麼不同呢？現在我差人送來女人用裙釵脂粉，你要是不出戰，就拜而受之，要是有點羞恥之心，有點男人氣概，就退回這些東西，我們約個時間決一死戰。司馬懿看了來信，居然笑著說：「諸葛亮把我看做婦人了。」不但接受了女人用品，還重賞了來使。諸葛亮完全沒了轍。諸葛亮以裙釵脂粉送去羞辱司馬懿，就是想惹其發怒，在情緒的左右下意氣用事。可是司馬懿非常清醒，偏不中計。最後弄得諸葛亮自己沉不住氣，以致吐血而死。誰敢說收下婦人裙釵脂粉的司馬懿，就不是一個真正的男人呢？

理性是一個人有教養和成熟的表現。可是在我們的生活和工作中，常常會有這樣的人，他們總是為一點小事而大動干戈、發脾氣，鬧得雞犬不寧，既破壞了和諧的工作環境，也破壞了同事間的團結。心理學家認為，感情用事是一種行為缺陷，它是指由外界刺激引起，突然爆發，缺乏理智而帶有盲目性，對後果缺乏清醒認識的行為。

凡事要有責任心

一九二〇年的一天，美國一位十二歲的小男孩正與他的小夥伴玩足球，一不小心，小男孩將足球踢到了鄰近一戶人家的窗戶上，一塊玻璃被擊碎了。

一位老人立即從屋裡跑出來，勃然大怒，大聲責問是誰幹的，夥伴們紛紛逃跑了，小男孩卻走到老人跟前，低著頭向老

人認錯,並請求老人寬恕。然而老人卻十分固執,小男孩委屈得哭了,最後老人同意小男孩回家拿錢賠償。

回到家,闖了禍的小男孩怯生生的將事情的經過告訴了父親。父親並沒有因為其年齡還小而開恩,卻是板著臉沉思著一言不發。坐在一旁的母親不斷為兒子說情,開導父親。過了不知多久,父親才冷冰冰的說道:「家裡雖然有錢,但是他闖的禍,就應該由他自己對過失行為負責。」停了一下,父親還是掏出了錢,嚴肅的對小男孩說:「這十五美元我暫時借給你賠人家,不過,你必須想辦法還給我。」小男孩從父親手中接過錢,飛快跑過去賠給了老人。

從此,小男孩一邊刻苦讀書,一邊用閒置時間打工賺錢還父親。由於人小,不能幹重活,他就到餐館幫別人洗盤子刷碗,有時還撿撿破爛。經過幾個月的努力,他終於掙到十五美元,並自豪的交給了他的父親。父親欣然拍著他的肩膀說:「一個能為自己過失行為負責的人,將來一定是會有出息的。」

許多年以後,這位男孩成為美利堅合眾國的總統,他就是雷根(Ronald Wilson Reagan)。後來,雷根在回憶往事時,深有感觸的說:「那一次闖禍之後,使我懂得了做人的責任。」

做人要有責任感,做事要有責任心,我們不管做任何事情,不論是大事還是小事,責任心是很重要的。一個人從小培養了責任心,還有什麼事情做不好呢?

曾聽說過一個遠涉重洋來函的故事:武漢市鄱陽街的景明

大樓建於一九一七年，是一座六層樓房。在一九九七年也就是這座樓度過了漫漫八十個春秋的一天，突然收到當年的設計事務所從遠隔重洋的英國寄來的一份函件。函件告知：景明大樓為本事務所一九一七年設計，設計年限為八十年，現已到期，如再使用為超期服役，敬請業主注意。

八十年啊，不要說設計者，就是施工人員恐怕也不在世了吧。竟然還有人為它操心，還在守著一份責任、一份承諾！

責任心是指個人對自己和他人、對家庭和集體、對國家和社會所負責任的認識、情感和信念，以及與之相應的遵守規範、承擔責任和履行義務的自覺態度。微軟總裁比爾蓋茲（William Henry Gates III）曾對他的員工說：「人可以不偉大，但不可以沒有責任心。」責任心是一個人品格和能力的承載，是一個人走向成功所必不可少的素養。所有成功的人都有一個共同的特質 —— 有責任感。聰明、才智、學識、機遇等固然是促成一個人成功的必要因素，但缺乏了責任感，他仍是不會成功的。

細心一點的人應該不難發現，現在各行各業廣納賢才時，條件上都會注明「有責任心」這一塊。可想而知，責任心對於現代人來說有多重要。沒有了責任心將會失去企業對你的信任，將會失去愛人對你的信任，甚至會失去親人對你的信任。所以，要想擁有美好生活，必須要學會承擔責任。

某公司要裁員，離職名單公布了，有內勤部的小燦和小燕，規定一個月後離職。那天，大夥看到她倆都小心翼翼的，

更不敢多說一句話。因為她倆的眼圈都紅紅的，畢竟這事攤到誰頭上都難以接受。

第二天上班，小燦心裡憋氣，情緒仍然很激動，什麼也幹不下去，一會找同事哭訴，一會找主任申冤，什麼定盒飯、傳送檔、收發信件這些她應該幹的活，全扔在一邊，別人只好替她幹。而小燕呢，她也哭了一個晚上，可是難過歸難過，離走還有一個月呢，工作總不能不做，於是她默默的打開電腦，拉開鍵盤，繼續打文稿、通知。同事們知道她要下崗，不好意思再找她打字了。她特地和大家打招呼，主動攬活。她說：「是福不是禍，是禍躲不過，反正也就這樣了，不如好好幹完這個月，以後想給你們幹都沒機會了。」於是，同事們又像從前一樣，「小燕，把這個打出來，快點兒！」「小燕，快把這個傳出去！」，小燕總是連聲答應，手指飛快的點擊著，辛勤的複印著，隨叫隨到，堅守著她的工作，堅守著她的職責。

一個月後，小燦如期失業，而小燕卻被從裁員的名單中刪除，留了下來。主任當眾宣布了老整體話：「小燕的工作誰也無法代替，像小燕這樣的員工公司永遠也不會嫌多！」

小燦走了，小燕怎麼留下了？不是因為別的，而是強烈的工作責任意識給了小燕機會。

有人這樣打比方，責任心就好比電腦裡的防火牆，它不只是被動的等電腦中了病毒後去殺毒，因為那樣可能會損害到有價值的檔，而是主動的把可能會帶來病毒的東西阻止在外。還

有人曾這樣說過：「責任心通常分兩種：一種如清茶，倒一杯是一杯，永遠是被動；另一種如啤酒，剛倒半杯，便已泡沫翻騰，永遠是主動。」因此，在我們做事時，只做清茶是不夠的，我們要做的是啤酒，要主動的用強烈的責任心去為本職工作搭建一面防火牆。

考驗一下自己的耐受力

訓練自己的耐受力，是做事前必要的準備，因為世上沒有現成的事讓我們去做，也不可能事事一帆風順，如果遭遇一點打擊就灰心喪氣，沒有半點耐受力，那又怎麼能做好事、做成事呢？

做事一定要有承受能力。現在很多企業人員流動很大。很多員工工作中稍微遇到一些委屈或者不順心的地方，就辭職走人。其實更多的時候，需要有些耐受力。遇到一點阻力就選擇離開，也許三五年以後，你會發現自己沒有任何累積，比起同時起步的人，已經相差很遠了。

有本書上記載這樣件事：兩個商人被困在荒涼的沙漠裡，一連好幾天沒有喝到一滴水。天亮時，他們決定分頭去尋找水源，並約定如果有人找到了水或求助，就以鳴槍為信號。

接近中午時，其中一個再也走不動了。太陽像一條火蛇一樣舔著他乾裂的皮膚，腹內彷彿燃燒著一團火。他想：我快完了，快向同伴求助吧。於是，他朝天開了一槍。槍響之後，等了很久，他也沒有盼到同伴的到來。他想：大概他沒聽見吧？

於是，又朝天開了一槍。

又過了許久，仍然沒有見到同伴的身影。他開始著急了，又接連開了幾槍。他想：這個傢伙，大概是發現了水源，想自己獨享；要麼是故意見死不救，然後瓜分自己的財產。他大聲咒罵這個不講仁義的傢伙。當夜色來臨時，他徹底絕望了。

然而，當他的同伴帶著尋來的水，氣喘吁吁的來到槍聲響過的地方時，看到的卻是一具屍體：他把最後的一顆子彈射向了自己。

這位商人沒有死於乾渴、沒有死於體力不支、沒有死於沙漠的風暴和野獸的襲擊，更沒有死於內鬥。他死於了自己的意志、死於了自己的半途而廢。

所以說，耐受力高的人在挫折、失敗面前，不易被強烈的情緒所困擾，能夠保持正常的行為。耐受力低的人遇到挫折、失敗就容易驚慌失措，陷於不良情緒的困擾中，甚至出現行為異常。

上中學的時候，學校多次舉辦過挫折教育，這種挫折教育，就是耐受力的訓練。當時老師給我們講過這樣一個故事：

有個漁夫有著一流的捕魚技術，被人們尊稱為「漁王」。依靠捕魚所得的錢，「漁王」累積了一大筆財富。然而，年老的「漁王」卻一點也不快樂，因為他三個兒子的捕魚技術都極平庸。於是他經常向人傾訴心中的苦惱：「我真想不明白，我的捕魚技術這麼好，我的兒子們為什麼這麼差？我從他們懂事

起就傳授捕魚技術給他們，從最基本的東西教起，告訴他們怎樣織網能讓魚一條都不掉，怎樣划船最不會驚動魚，怎樣下網最容易捕捉到魚。他們長大了，我又教他們怎樣識潮汐，辨魚訊……凡是我多年辛辛苦苦總結出來的經驗，都毫無保留的傳授給他們，可他們的捕魚技術竟然趕不上那些技術比我差的漁民的兒子！」

一位哲人聽了他的訴說，問：「你一直手把手的教他們嗎？」

「是的，為了讓他們學一流的捕魚技術，我教得很仔細很耐心。」

「他們一直跟隨著你嗎？」

「是的，為了讓他們少走彎路，我一直讓他們跟著我學。」

哲人說：「這樣說來，你的錯誤就很明顯了。你只是傳授給了他們技術，卻沒有傳授給他們教訓，對於才能來說，沒有教訓與沒有經驗一樣，都不能使人成大器。」

老師講的故事讓我們感觸很深，我們都明白了：沒有經歷挫折就不會有經受困難的耐受力，沒有耐受力就無法取得事業的成功。老師還說，人生不經歷風雨，即使長大成人了，也是一個做不成事的無用之人。為了說明這個道理，他同樣說了一個故事：

很久以前，天神和人還住在一起的時候。有一天，一個農夫找到天神，對他說：「神啊，也許是您創造了世界，但您畢竟

沒有種過莊稼，我得告訴您點事兒。」農夫說：「給我一年時間，按照我所說的去做。我會讓您看見，世界上再不會有貧窮和飢餓。」

天神答應了他的要求，在這一年裡，天神滿足了農夫的所有條件。沒有狂風暴雨，沒有電閃雷鳴，沒有任何對莊稼有危險的自然災害發生。當農夫覺得該出太陽了，就會陽光普照；要是覺得該下雨了，就會有雨滴落下。風調雨順的環境真是太好了，水稻的長勢特別喜人。

一年的時間到了，農夫看到水稻長得那麼好，就又到天神那兒去了，對天神說：「您瞧，要是再這麼過幾年，就會有足夠的糧食來養活所有的人。人們就算不幹活也可以安逸的生活了。」然而等人們收割水稻的時候，卻發現稻穗裡什麼果實都沒有。這些長得那麼好的水稻，竟然什麼都沒有結出來。這讓農夫驚訝極了，於是又跑到天神那兒去了：「神啊，這究竟是怎麼回事呀？」

「那是因為稻子都過得太舒服了，沒有任何打擊是不行的。這一年裡它們沒有經過任何風吹雨打，也沒有受到過烈日煎熬。你幫它們避免一切可能傷害它們的東西。沒錯，它們長得又高又好，但是你也看見了，稻穗裡什麼都結不出來。稻子也還是時不時需要些挫折的，我的孩子。」

莊稼如此，人更是需要挫折磨練。缺乏逆境的鍛造，人也變不成剛強的人。人就是這麼一種動物，在沒有競爭、壓力與

困難的環境下，他們反而不會生活得有滋有味。只有有了逆境的磨練，我們才會有足夠的耐受力來迎接人間隨時來臨的苦難。

隨著社會的發展和對創新的需要，越來越要求人們提高自己對不明情境的耐受性和抗拒壓力與耐受挫折的能力。事實上，這也是未來人才所必須具備的一種重要的性格和能力傾向。它對人才的成長、創造力的發揮以及人生理想和目標的實現，都具有十分重大的意義。那麼，我們如何在工作與生活中，培養和鍛鍊自己的耐受力呢？

1. **要有充分的自信**：自信就是人們對自己的信心。在生活中，這種信心不僅可以幫助我們不去介意他人的說三道四，而且可以激發我們的勇氣，從而培養起自己的耐受力。

2. **要有堅強的意志**：在生活中，當我們向著已選定的目標前行的時候，必然會遇到這樣或那樣艱難困苦，甚至意外的打擊。如果我們具有一種堅強的意志，就會在困難和打擊面前毫不屈服，這樣，慢慢的我們就能夠逐漸培養起自己的耐受力。

3. **要有執著的精神**：精神就是人們的思想意識，它一旦形成，就具有相對的穩定性，同時也能夠支配著人們為了達到既定的目標，而不懈的堅持著、努力著、拼搏著。這樣的精神，非常有利於人們耐受力的形成。

4. **要有必要的知識累積**：知識對於人們來說，無論在改善其個人素養，還是在提高其工作與生活品質，都具有十分積極的作用。此外，它還可以使腦細胞更加活性化，使人們

的心情經常保持開朗的狀態。知識的這些功能，對於培養耐受力也是頗具積極意義的。

既然如此，我們在做事之前，何不考驗一下自己的耐受力呢？

加緊為自己「充電」

最近買了一個電動車，每次出門前，我都先要充好電，以備中途因沒電了而耽誤行程。人生不也是這樣麼？如果你想做一件事，做好事，做成事，也要事先「充電」。不過這個「電」和電動車的電可不一樣，人生的「電」不僅要及時充，而且要隨時充，不斷充。

在廣東時，我曾問過一位八十高齡的老人：「您這麼忙，還利用那麼多時間去讀書，比如讀什麼清華大學的工商管理，去深圳聽專家整天整晚的讀幾天，您不辛苦嗎？」老人意味深長的說：「人生要不斷充電，因為人生就像逆水行舟，不進則退。人不是去改造別人，其實是用一生的時間去改造自己。我現在管理一個公司，遇到解決不了的事情，不是別人的責任，而是自己的水準問題，所以要不斷學習，這樣就能不斷提高自己，事情才會迎刃而解，知道嗎？」我用力的點點頭。

「學而時習之，不亦樂乎之」這是一句名言，也是真理！意思是說：一個人懂得學習，也要懂得將所學到的東西，經常拿出來溫習，那樣你的人生才會快樂，才會歡心！更不會因為時間流逝而淡忘，也不會因為時間倉促讓你不知所措！常言道

「活到老，學到老」這句話很有人生哲理喲！無論是在求學，還是在創業對每個人來說都要活到老學到老！只有在求知中不斷學習，在實現中鞏固學習，才能使你在人生道路上更加豐富，才能使你在創業旅途中擁有更大的收穫！

一個人只有時刻的為自己充電，為自己加油，才不會因為時間的流逝而使自己變得被動！不會因為人才的增長而被社會淘汰！要和知識相伴，才不會因為社會的飛速發展而落伍！我總記得這樣一句話：「人不能離開學習，人不能離開知識」。無論是生意，還是做人，還是做事，都要懂得學習，懂得充電！

以前認識一位姓齊的老師，因為歷史原因沒能實現大學夢，從師範學校分配到地方上一所初中校任教。儘管工作兢兢業業，但他還是很快就感到知識貧乏，一向成績優異的他無比苦悶。每天學生放學後，他就一個人拿著書在教室裡學習。一九八四年當地開設了高等教育自學考試，他再次滿懷憧憬，燃起求學夢。

然而，由於居住地遠離城市，當時買一本自考書、購一份自考資料、聽一次輔導課，就得往返一千公里，其困難可想而知。在沒有輔導，完全自學的情況下，他克服了數不清的難題，終於於四年後順利的通過了自學考試英語大學專業所有課程的考試，成為當地高等教育自學考試英語專業最早的兩名大學畢業生之一，並獲得了學士學位。後來又被當地人民政府命名為中學英語特級教師。不僅如此，十幾年間，他共發表各類

文章百餘篇，還完成了當地師範大學課程與教學論專業碩士研究生課程，並於二○○○年六月取得了教育學碩士學位。

從齊老師的身上，我們看到，一個人勤於給自己充電，對事業和人生都是何等重要。

如果你已經步入職場，或者說你目前正從事著一份高薪職業，那也要給自己充電。因為「學無止境，學海無涯」、「活到老，學到老」。在職場上，技多不壓身。在競爭激烈的市場經濟環境下，身在職場也猶如逆水行舟，不進則退。如何在職場中立於不敗之地，可以說「充電」是保持競爭力的不竭源泉。學習是生活的一種常態，如果能在做好自己本職工作的同時，學習另一個產業的知識技能，就能把自己從單一型人才變成複合型人才，增強自身價值，在職場中立於不敗之地。

在競爭日益白熱化的職場中，職場新人需要借助「充電」來提高工作能力，有多年工作經驗的「職場老手」也依然需要充電。方女士從事服裝設計產業已經有五個年頭了，「我感覺自己的職業生涯面臨著前所未有的危機，設計靈感完全處於停滯狀態，總是在做著以前做過的事情，重複多於創新，似乎也很難在公司有更大的作為了。」為了能更好的做好本職工作，讓自己苦心培養並一直經營的服裝設計能更加輝煌，在職業上有所發展，充電成了一種需求。後來，方女士參加了有關服裝設計的各種培訓，並閱讀相關書籍。「學習貴在堅持。」方女士說：「充電的效果挺明顯的，因為有了更加獨特的想法，對工作的積極

性也提高了。前段時間自己設計的一款服裝還得到了老闆的賞識。」

　　充電的方法是多種多樣的，最常見的往往是參加各類培訓班，考各種證書。對於一些人而言，職場充電具有很大的目的性——跳槽。南方某高校的曾梅，大學畢業後，一直從事工商管理類工作，但她沒放棄自己大學時期的職業理想，成為一名優秀的外貿工作者。她說：「為了能更快的熟悉並投身外貿工作，我特意辭去了現在的工作，在某國際語言城報名了商務英語的學習，學習培訓結束後，我信心十足，接下來該是我在外貿工作中大展拳腳的時候了。」

　　而對於王先生來說，職位的提升也迫使他不得不進行職場的充電。從公司的技術人員被提拔為技術總監，王先生感覺到了工作的壓力。「對於現在的這個位子，光靠專業技術顯然已經不足以應付了，和外國客戶的交流需要，電腦出身的我必須去充電，惡補一下英語。」王先生說：「如今，看各類有關英語交際的書籍和一些口語訓練的磁帶，時刻擺在自己辦公最顯眼的地方，儼然已經成為了我工作中的一部分了。」

　　當然，在實踐中學習，在工作中多向同事請教，也是一種充電。交流和學習給自己注入新的思想，增添足夠的熱量，然後，讓這種智慧的熱潮在社會中發光、發熱，在職場中，更加遊刃有餘。

第二章　目標準一點，認準方向便少做無用功

—— 沒有目標的船永遠遇不上順風

萊辛（Gotthold Ephraim Lessing）說：「走得最慢的人，只要他不喪失目標，也比漫無目的徘徊的人走得快。」這就是說，做任何事都不能沒有目標，沒有目標就會喪失方向，做起事來就會帶有盲目性，結果可能有許多是無用功。目標能使你產生信心、勇氣和膽量，還能使你看清使命，產生動力。同時，目標有助於你分清輕重緩急，掌握重點。成功的道路，是一個個目標鋪成的。沒有目標，哪兒來的勁頭？有了前進的目標，一個人才會最大可能的發揮自己的潛力，主宰自己的命運。

目標是做事的方向

　　如果有人問，成功的定義是什麼？我認為就是達到預期的目標。照這樣理解的話，目標就是我們做事的方向。有了目標，我們做事就有了熱情，有了積極性，有了使命感和成就感。有了目標，我們就會知道自己該做什麼事，知道自己不該做什麼事。

　　有人透過調查研究結果表明，那些具有清晰且長遠目標的人，幾十年來都不曾改變過自己的人生目標。他們懷著自己的人生夢想，朝著一個方向不斷的努力，最後他們幾乎都成了社會各界的成功人士，有創業者、社會菁英等。而當代一些人，目標模糊，或者說從來都沒有目標，他們幾乎都生活得不太如意，也沒有什麼特別的成績。

　　這充分說明了，目標對人生的深遠影響，樹立目標是實現夢想的重要步驟。如果一艘輪船在大海中失去了舵手，在海上打轉，他很快就會耗盡燃料，無論如何也達不到岸邊。如果一個人沒有明確的目標和為實現這一明確的目標而制定的計畫，不管他如何努力工作，都會像失去方向的輪船。

　　據說從前有一位商人，在翻越一座山時，遭遇了一個攔路搶劫的山匪。商人立即逃跑，但山匪窮追不捨，走投無路時，商人鑽進了一個山洞。山匪也追進洞裡。在洞的深處，商人未能逃過山匪的追逐，黑暗中，他被山匪逮住了，遭到一頓毒打，身上的所有錢財，包括一把準備為夜間照明用的火把，都

被山匪擄去了,幸好山匪並沒有要他的命。之後,兩個人各自尋找著洞的出口。這山洞極深極黑,且洞中有洞,縱橫交錯。

山匪將搶來的火把點燃,他能看清腳下的石塊,能看清周圍的石壁,因而他不會碰壁,不會被石塊絆倒,但是,他走來走去,就是走不出這個洞。最終,他力竭而死。

商人失去了火把,沒有了照明,他在黑暗中摸索行走得十分艱辛,他不時碰壁,不時被石塊絆倒,跌得鼻青臉腫。但是,正因為他置身於一片黑暗之中,所以他的眼睛能夠敏銳的感受到洞口透進來的微光,他就迎著這縷微光摸索爬行,經過努力最終逃離了黑洞。

沒有火把照明的人最終走出了黑暗,而有火把照明的人卻永遠葬身於黑暗之中。這說明了什麼?這說明了一個道理:決定你成功的,不在於你擁有什麼,而是在於你能否在黑暗中始終掌握住自己前進的方向。只有沿著正確的方向努力才能獲得成功,否則都只能是徒勞。

法拉第(Michael Faraday)是一位英國物理學家、化學家,也是著名的自學成才的科學家。他的成功,首先在於給自己確立了一個奮鬥目標。

法拉第在二十二歲那年到英國皇家研究院當了一名助手,幹一些洗燒杯、試管、準備實驗用品等瑣碎事情。一天晚上,法拉第看丹麥物理學家奧斯特的一篇文章,裡面寫道:他在做實驗的時候偶然發現,一段導線,用電池通上電流後,能使附

近的磁鍼擺動。法拉第懷著極大的興趣，找到電池、導線、磁鍼，自己也做了這個實驗。簡直像「魔術」一樣，導線一通上電流，導線附近的磁鍼就像有一隻無形的手在撥動，靈活的偏向一邊。更有趣的是，通電導線放在磁鍼上面，磁鍼偏向一邊，放在下面，磁鍼又偏向另一邊了。法拉第被這個奇特的現象迷住了。他浮想翩翩：「電能夠使磁鍼轉動，磁可不可以產生電呢？」

有些事翻過來想一想會讓人進入另一種境界，法拉第是一個認真而又善於聯想的人，當即他就在筆記本寫下了「磁轉化為電」幾個字。就像在迷霧中的航船，突然看到燈塔的閃光一樣，法拉第一旦產生這個想法，就把它定為自己的奮鬥目標。

有一天，法拉第把銅線纏在一個圓筒上，把銅線的兩端接在電流計上，然後又把一根磁石插入筒內，萬萬沒有想到，剛一插入，電流計的指標竟動了一下，他匆忙把磁石抽出來，意外的是電流計又動了一下，他簡直不相信自己的眼睛，總以為電流計出了什麼毛病，於是，他把磁石在銅絲筒內不斷移動拔出，一連做了好幾次，電流計確確實實隨著磁石在銅絲筒內的不斷移動而來回擺動，他興奮得像個孩子，歡呼、跳躍起來：「成功了！電流產生了！」

不懈的努力，終於使美好的願望變成了現實。法拉第做出了自己的結論：「磁能變成電，這是確定無疑的！有了磁石，有了銅線圈再加上運動，電流就能產生出來。運動停止，電流也就隨即消失了。」後來，法拉第根據自己實驗的結果，發明了世

界上第一臺發電機。

無疑的，法拉第能在科學史上占有一席之地，就在於他發明了世界上第一臺發電機，而這臺發電機的問世，是他確立目標的產物。

居禮夫婦在發現鐳元素之前，連續四十八次實驗都失敗了，居禮先生 (Pierre Curie) 頗為洩氣。瑪麗‧居禮 (Marie Curie) 說：「即使再過一百年才能找出這個元素，我只要活著一天，就絕不放棄這個實驗。」結果當然是令人振奮的。

由此可知，明確的目標可以使生命變得單純，同時使能力集中在某個焦點。柔和的陽光透過放大鏡的焦距，可以立即倍增溫度，甚至點燃木材。人的能力也需要凝聚、需要錘鍊。

目標專一才容易成事

我們且看一段自述：「我沒有任何專長，每一方面都屬於中間水準。有的比水準稍高，有的比水準稍低。譬如體能方面，我跑得不快，游泳也勉強；騎馬比較內行，但是離賽馬的技術還很遠。我的眼力很差，射擊往往落空。因此在體能方面，我只是泛泛之輩。在文藝方面，亦複如此。我這一生雖然寫過不少東西，但是每一篇文章都得塗塗改改，苦不堪言。」

這樣的一個人實在並不稀奇，但他究竟是誰呢？他居然是連任四屆的美國總統羅斯福 (Franklin Delano Roosevelt)。

這樣一個平凡之人為什麼成了美國四屆連任總統呢？他的成功，關鍵還在於目標專一，朝自己的長處發展，而不是什麼

都想做。比如他知道自己傾向於公眾事務、喜歡組織與成為領導者。他善於訓練自己的能力，使其充分發展與盡情發揮。

　　所謂專一，也就是目標要明確，不能遊移不定，或朝秦暮楚。一個人若沒有明確的目標，以及實現這項明確目標，不管他如何努力做事，都會像是一艘失去方向的船。

　　愛因斯坦（Albert Einstein）的一生所取得的成功，是世界公認的，他被譽為二十世紀最偉大的科學家。他之所以能夠取得如此令人矚目的成績，和他一生具有明確的奮鬥目標是分不開的。

　　他出生在德國一個貧窮的猶太家庭。家庭經濟條件不好，加上自己小學、中學的學習成績平平，雖然有志向科學領域進軍，但他有自知之明，知道必須量力而行。他進行了自我分析：自己雖然總是成績平平，但對物理和數學有興趣，成績較好。自己只有在物理和數學方面確立目標，才能有出路，其他方面是不及別人的。因而他讀大學時選讀瑞士蘇黎世聯邦理工學院物理學專業。

　　由於奮鬥目標選得準確，愛因斯坦的個人潛能得以充分發揮，他在二十六歲時就發表了科研論文《分子尺度的新測定》；以後幾年，他又相繼發表了四篇重要的科學論文，發展了普朗克的量子概念，提出了光量子除了有波的性狀外，還具有粒子的特性，圓滿的解釋了廣電效應，宣告狹義相對論的建立和人類對宇宙認識的重大變革。

　　假如愛因斯坦當年把自己的目標確立在文學上或音樂上（他曾是音樂愛好者），恐怕就難以取得像在物理學上那麼輝煌的成就了。

　　為了避免耗費人生有限的時光，愛因斯坦善於根據目標的需要進行學習，使有限的精力得到了充分的利用。他創造了高效率的定向選學法，即在學習中找出能把自己的知識引導到深處的東西，拋棄使自己頭腦負擔過重和會把自己誘離要點的一切東西，從而使他集中力量和智慧攻克選定的目標。他曾說過：「我看到數學分成許多專門領域，每個領域都能費去我們短暫的一生……誠然，物理學也分成了各個領域，其中每個領域都能「吞噬」一個人短暫的一生。在這個領域裡，我不久便學會了識別出那種能導致深化知識的東西，而把其他許多東西撇開不管，把許多充塞腦袋、並使其偏離主要目標的東西撇開不管。」他就是這樣指導自己的學習的。

　　為了闡明相對論，他專門選學了非歐幾何知識，這樣定向選學法，使他的立論工作得以順利進行和正確完成。

　　如果他沒有意向創立相對論，是不會在那個時候學習非歐幾何的。如果那時候他無目的涉獵各門數學知識，相對論也未必能這麼快就產生。愛因斯坦正是在十多年時間內專心致志的攻讀與自己的目標相關的書和研究相關的目標，終於在光電效應理論、布朗運動和狹義相對論三個不同領域取得了重大突破。

　　特別值得一提的是，愛因斯坦不但有可貴的自知之明精

神，而且對已確立的目標矢志不移。一九五二年以色列國鑑於愛因斯坦科學成就卓著，聲望頗高，加上他又是猶太人，當該國第一任總統魏茲曼（Chaim Azriel Weizmann）逝世後，邀請他接受總統職務時，他卻婉言謝絕了，並坦然承認自己不適合擔任這一職務。確實，愛因斯坦是一位偉大的科學家，這是他終生努力奮鬥才實現了這個目標的。如果他當上總統，那麼未必會有多大建樹，因為他未顯示過這方面的才華，又未曾為此目標作過努力學習和奮鬥。

一個人能認清自己的才能，找到自己的方向，已確屬不易；更不容易的是能抗拒潮流的衝擊。許多人只是為了某件事情時髦或流行，就跟著別人隨波逐流，結果找不到自我，只得追逐一時的熱鬧，而失去了真正成功的機會。

目標明確才能少走彎路

有了明確的目標，才會為行動指出正確的方向，才會在實現目標的道路上少走彎路。

我們先看這樣一個故事：

父親帶著三個兒子到草原上獵殺野兔。在到達目的地，一切準備得當，開始行動之前，父親向三個兒子提出了一個問題：「你看到了什麼呢？」

老大回答道：「我看到了我們手裡的獵槍、在草原上奔跑的野兔，還有一望無際的草原。」

父親搖搖頭說：「不對。」

老二的回答是：「我看到了爸爸、大哥、弟弟、獵槍、野兔，還有茫茫無際的草原。」

父親又搖搖頭說：「不對。」

而老三的回答只有一句話：「我只看到了野兔。」

這時父親才說：「你答對了。」

這個故事告訴我們，漫無目標，或目標過多，都會阻礙我們前進，只有明確了自己的目標，我們才能在成功的道路上少走彎路。因為，要實現自己的心中所想，如果不切實際，最終可能是一事無成。

還有一個故事，更說明了目標明確的重要性：

某天，一個心理學家做了這樣一個實驗：他組織三組人，讓他們分別向著十公里以外的三個村子進發。

第一組的人既不知道村莊的名字，也不知道路程有多遠，只告訴他們跟著嚮導走就行了。剛走出兩三公里，就開始有人叫苦；走到一半的時候，有人幾乎憤怒了，他們抱怨為什麼要走這麼遠，何時才能走到頭，有人甚至坐在路邊不願走了；越往後，他們的情緒就越低落。

第二組的人知道村莊的名字和路程有多遠，但路邊沒有里程碑，只能憑經驗來估計行程的時間和距離。走到一半的時候，大多數人想知道已經走了多遠，比較有經驗的人說：「大概走了一半的路程。」於是，大家又簇擁著繼續往前走。當走到全程的四分之三的時候，大家情緒開始低落，覺得疲憊不堪，而

路程似乎還有很長。當有人說：「快到了！」大家又振作起來，加快了行進的步伐。

第三組的人不僅知道村子的名字、路程，而且公路旁每一公里都有一塊里程碑，人們邊走邊看里程碑，每縮短一公里大家便有一小陣的快樂。行進中他們用歌聲和笑聲來消除疲勞，情緒一直很高漲，所以很快就到達了目的地。

心理學家得出了這樣的結論：當人們的行動有了明確目標的時候，並能把行動與目標不斷的加以對照，進而清楚的知道自己的行進速度與目標之間的距離，人們行動的動機就會得到維持和加強，就會自覺的克服一切困難，少走彎路，努力到達目標。

人生無止境，而生命有限，只有少走彎路，努力奮鬥，才會接近目標，獲得成功。

記得上大學時，開展過一場定向越野的比賽 —— 不僅是跟對手比，更是跟自己比。因為生活上如果沒有目標，沒有方向，我們會找不到精神的落腳點，而定向越野既沒有方向，或許永遠也找不到規定路線的那個終點。指北針給我們方向的啟示，那沿途上一個個的點就是我們的目標。我們想迅速的找到自己的方向，找到目標，到達終點，就需要沉著冷靜的分析地圖，快速的奔跑，或許我們永遠也快不過風，但我們要有追趕風的勇氣。

透過這次定向越野比賽，我不得不正視自己所暴露的弱點：

體力鍛鍊方面還有待加強，看地圖的時候還不夠細心，跑錯過地方，易受別人的影響，沒有看清楚地圖，但看見人家怎麼跑就大致揣測下一個點，盲目的跑過去的時候才發現原來搞錯了，便多走了許多彎路。

我想，以後自己首先要看清楚地圖，照著圖上所指的方向走，到達一個點的時候要看準是不是自己要找的那個。在跑去找點的過程中要學會找捷徑，少走彎路，當然要遵守比賽規則，不能誤入禁區。盡量避免受他人的影響，自己尋找目標！

其實，這定向比賽不就像我們做事麼？我們在做事時也需要先定好方向，然後落實到每一個目標點上，最終才能實現自己的理想的終點啊！

定好方向，相信自己，努力前進，一定能將目標逐個實現！

方向比速度更重要

我們都知道南轅北轍的故事，而在實際生活中，我們也無時無刻不深刻的體會到方向的重要性 —— 即使你跑得再快，哪怕百米成績在十秒以內，但如果在比賽中跑錯了方向，其結果如何，恐怕是誰都可以想像的。

其實不僅僅在生活中是這樣，在人生的任何領域，都是方向永遠比速度更重要。

貞觀年間，長安城西的一家磨坊裡，有一匹馬和一頭驢子。牠們是好朋友，馬在外面拉車，驢子在屋里拉磨。貞觀三

年，這匹馬被玄奘大師選中，出發經西域前往印度取經。

十七年後，這匹馬馱著佛經回到長安。牠重新回到磨坊會見驢子朋友。老馬談起這次旅途的經歷，那些神話般的境界，使驢子聽了大為驚異。

驢子驚嘆道：「你有多麼豐富的見聞呀！那麼遙遠的道路，我連想都不敢想。」

老馬說：「其實，我們跨過的距離是大體相等的，當我向西域前進的時候，你一步也沒停止。不同的是，我和玄奘大師有一個遙遠的目標，按照始終如一的方向前進，所以我們打開了一個廣闊的世界。而你卻被蒙住了眼睛，一生就圍著磨盤打轉，所以永遠走不出這個狹隘的天地。」

相信，這個故事的道理直白得不用再作附加說明，它告訴人們一個沒有正確方向的人，將永遠生活在狹小的天地裡，選擇方向往往比選擇努力更重要。

或許有人說：「做事的速度很重要，我們要有速度，才能有更多的效率。」但是，你們是否想過：如果方向錯了呢，再快的速度只能適得其反。

有一個聰明上進的男孩，從小熱愛電影。在他二十二歲那年，他立志要成為這世界上最優秀的編劇裡的其中一位。那以後，他發奮堅持每天盡可能多的閱讀、寫作。大學畢業後，他換過好幾個工作：網站編輯、報社記者……辛勤的工作換來逐步增多的薪水，和其他從學校畢業走上社會工作的青年一樣。唯

一不同的是，他一直沒有忘記夢想，始終堅持文學創作，在少得可憐的工作之餘可以自由支配的時間。

機會終於來臨了，他的好幾個故事被一家電影公司看中，他順理成章的進了那家電影公司工作，他終於搭上了那艘通往夢想的大船。沒有幾年，在一次電影頒獎典禮上，他便和一位著名導演一同站在了領獎臺上。

還有一個同樣聰明勤奮的男孩。他不願意過平凡普通的日子，他嚮往成功、渴望財富。他是個相當機靈的小夥子，從學校畢業後他先是為別人工作，憑著自己的勤奮和智慧在極短的時間內贏得了老闆的信任和賞識，也掘到了人生中的第一桶金。

他是個多麼不甘平庸的男孩啊，他還想再快速的累積財富，達成夢想，當然這原本沒有錯。有一天，他在一個朋友的蠱惑下，在他那用第一桶金開的小酒吧裡做起了違法的事情：賣違禁藥品、開設賭局……他發現，錢原來可以來得這樣容易。在金錢遊戲裡，他越陷越深，最後連自己也掉進去了。

這樣的遊戲能玩多久呢？

終於有一天，他又一貧如洗了。經過幾夜的輾轉反思後，他決定重新去為別人工作，從此腳踏實地的走。是的，我們該祝福他，他又重新上路了。

這不是兩個故事，這是真實的事情，就發生在我的身邊，也許也同樣發生在你的身邊。那麼，親愛的朋友們，我到底想告訴你們什麼呢？從第一個男孩腳踏實地的堅持，第二個男孩

從無到有、從有到無的過程，它們到底說明了什麼呢？

我們在人生的旅途中，一定要正確的認識自己，選準自己努力奮鬥的方向，方向明確，即使前進的腳步較緩，那也是在通往去翡翠城的路上，也是一種對成功的累積；否則，方向不明，搞錯了，背道而馳，越快離成功的彼岸越遠。

有的人明明知道方向錯了，別人也提醒他方向錯了，卻還要死鑽牛角尖，結果呢？請看這個小寓言故事：

老鼠鑽到牛角尖裡去了。牠跑不出來，卻還拚命往裡鑽。

牛角對牠說：「朋友，請退出去，你越往裡鑽，路越狹了。」

老鼠生氣的說：「哼！我是百折不回的英雄，只有前進，絕不後退的！」

「可是你的路走錯了啊！」

「謝謝你，」老鼠還是堅持自己的意見，「我一生從來就是鑽洞過日子的，怎麼會錯呢？」

不久，這位「英雄」便活活悶死在牛角尖裡了。

所以，一位哲人講：一個人最重要的不是他所取得的成績、他所在的位置，而是他所朝的方向。

走路，要看清方向；開車，更要看清方向；人生，可不能來回換方向。如果你東西南北亂颳風，那你只能過昏天黑地的生活嘍！

有所為有所不為

一隻獅子老了，經常感到自己覓食越來越吃力，決心改變

方式，運用計謀取食。於是牠整天躺在洞裡裝病，故意大聲呻吟著，讓野獸們聽見。百獸前來探望牠，走進洞中的都成了獅子的腹中餐，來一個吃一個。

後來一隻狐狸識破了獅子的陰謀，牠來探望獅子。遠遠的站在洞口，說什麼也不肯靠近。獅子便裝作和善的樣子，勸狐狸進洞和牠聊聊天。狐狸謝絕了獅子的要求，牠說：「謝謝你的好意，我看我就不必了，因為我很為自己擔心。看看地上就明白了，這裡有許多走進你洞裡的腳印，可怕的是，沒有出來的腳印。」

在這個寓言裡，動物們一個接一個的到獅子那裡送死，這種亦步亦趨的跟從，正是牠們滅亡的主要原因。相反，細心的狐狸，很好地觀察前者留下的腳印，有了這些前車之鑑，狐狸及時思考，立即緊急剎車，知道什麼該有所為，什麼該有所不為，很聰明的保全了自己。

當我們回顧歷史的時候，就應吸取前人失敗的教訓，吸收他們成功的經驗，這樣才會少走彎路，避免重蹈覆轍。前輩留下的東西看來不容忽視，因為這是無價之寶。

有所為，有所不為，看似平常，卻是長期修養才能達到的一種境界，可說是「冰凍三尺，非一日之寒」。

我相信，從理論上說，每一個人的稟賦和能力的基本性質是早已確定的，因此，在這個世界上必定有一種最適合他的事業，一個最適合他的領域。當然，在實踐中，他能否找到這個領域，從事這種事業，不免會受客觀情勢的制約。但是，自

己應該有一種自覺，盡量縮短尋找的過程。在人生的一定階段上，一個人必須知道自己是怎樣的人，到底想要什麼。世界無限廣闊，誘惑永無止境，但屬於每一個人的現實可能性終究是有限的。你不妨對一切可能性保持著開放的心態，因為那是人生魅力的源泉，但同時你也要早一些在世界之海上拋下自己的錨，找到最適合自己的領域。老子說：「不失其所者久。」一個人不論偉大還是平凡，只要他順應自己的天性，找到了自己真正喜歡做的事，並且一心把自己喜歡做的事做得盡善盡美，他在這世界上就有了牢不可破的家園。於是，他不但會有足夠的勇氣去承受外界的壓力，而且會有足夠清醒的思維來面對形形色色的機會和誘惑。

　　所以說，我們在工作和生活中，很多時候需要自己想清楚什麼是該做的、什麼是不該做的，從而有所為，有所不為。但很多時候因為非此即彼的原因，我們往往不能放下自己，回歸自然，會做不該做的事情，會說不該說的話。

　　當然，人活在世上，該有這樣或那樣的欲望，否則可能與行屍走肉沒有什麼不同，但關鍵看自己的欲望是否正當。當欲望合理、正當的時候，我們就該滿足自己的欲望，實現人生的理想，為體現人生的價值做應有的努力，這也就需要我們「有所為」。

　　但一個人的精力是有限的。你不可能什麼都想得到而又什麼都不想失去。你必須學會選擇，學會放棄。有哲人忠告：

人一生只能做好一件事。我們只有一雙手，每只手只有五個手指頭。有時候我們兩隻手不能都伸出去，一隻手的五個手指頭因為不能什麼都抓住。所以我們應該去抓該抓的，值得抓的東西，這就是要切實做到「有所為有所不為」。

「有所為，有所不為」的關鍵是要「有所為」。而要「有所為」，首先要弄清「為」什麼？即你的目標是什麼。只有弄清了自己的目標，才會用盡一生的精力去追求，去拼搏；也只有弄清了自己的目標，才會「有所不為」。

比如，你如果選擇了從政之路，你就要放棄經商、發財的念頭；又想當官，又想發財是很危險的。「有所為，有所不為」，最難的是「有所不為」。「有所不為」就意味著放棄，而放棄往往是一件非常痛苦的事情。因為放棄意味著失去某些既得的利益，如位、名、權、利、家庭等等。而這些在某些人眼裡往往是趨之若鶩的東西，怎能棄之不要呢？因此，「有所為，有所不為」要求我們權衡輕重、利害、得失，作出正確選擇。

在現實生活中，我們經常面臨著「有所為，有所不為」的選擇。比如機關人員選擇下海，這就意味著將失去悠閒的生活、良好的福利等；選擇成為一名成功的企業家，這就意味著將在一定程度上放棄愛好的文學、電視、藝術等；選擇支援邊疆就意味著將失去與妻女、老母和家人的團聚，失去許多過去的朋友；選擇做個模範丈夫（或妻子）就意味著失去單身貴族的瀟灑和浪漫⋯⋯

「有所為，有所不為」是事業有成的經驗。據說，國際上有一條公認的企業經營法則，叫「馬特萊法則（二八定律）」。它的要旨在於將百分之二十的經營要務明確為企業經營應該傾斜的重點方面，從而指導企業家在經營中收攏五指捏成拳，突出重點，全力傾斜，以此來牽住經營「牛鼻子」，帶動企業經營各項工作順勢而上，取得更好成效。國外許多知名的大公司借鑑馬特萊法則，指導企業傾斜性經營實踐，都獲得了很大成功。這一入木三分的經營法則提倡的正是一種「有所為，有所不為」的經營方略。

這條法則對於那些「為官一任，造福一方」者來說，同樣具有十分可貴的借鑑作用。大凡新上任的官員，無不想建功立業，在任期內有所作為。但事實上並非所有的人都能實現理想，幹出成績。如果「眉毛鬍子一把抓」，四面出擊，雄心勃勃，樣樣都要「爭一流、當先進」，本想「大有作為」，結果肯定會事與願違，有的甚至事倍功半、一事無成。究其原因，與沒有處理好「有所為」與「有所不為」的辯證關係不無關聯。

孟子曾說：「人有不為也，而後可以有為。」其意是說「為」與「不為」乃一對矛盾，「有所不為」才能「有所為」，「有所不為」方能「為必成」；反過來說，如果不分主次、輕重、緩急，不講條件，不顧後果，單憑主觀願望，什麼事都想「為」，勢必「無為」又「無成」。

你有夢想了嗎

夢想是人類對於美好事物的一種憧憬和渴望，但夢想絕不是空想和妄想。人生需要夢想，人生如果沒有夢想，就像沒有明天一樣無望；人類需要夢想，夢想讓這個世界變得如此的生動，如此的豐富多彩。

因為有了飛翔的夢想，萊特兄弟發明了飛機；因為有了光明的夢想，愛迪生發明了電燈；因為有了探索宇宙的夢想，加加林成為第一位從太空看到地球的人；而美國宇航員阿姆斯壯則於一九六九年七月二十一日二時五十分乘登月艙「鷹」在月球靜海西南角登陸，成為第一位登上月球的人，實現了人類有史以來拜訪月球的夢想。

彩虹之所以美麗，是因為不僅僅有赤橙黃綠青藍紫七種顏色作為豐富內容，還有燦爛陽光與細小水珠熱情融合的藝術形式。儘管空中虹橋不可以渡人，但其綺麗足以令人讚嘆。

飛瀑之所以壯觀，是因為激流途經百里坎坷曲折後，以那震撼人心的縱情一躍，既完成了飛流直下傾瀉銀河的壯舉，又實現了浪擊峭壁潭隱蛟龍的夙願。

任何一個成功者心中都有一個偉大的夢想。夢想驅動著他前進，夢想讓他不畏艱難，夢想讓他敢於挑戰權威，夢想讓他一意孤行。

夢想不是有錢人的奢侈品。本田汽車公司的創始人本田宗一郎，在小的時候就有偉大的夢想。本田宗一郎出生在一個非

常貧困的家庭，父親是鐵匠並兼修自行車，在耳濡目染中，他對機車事業產生了興趣，小時候，當他第一次看到汽車時，簡直入了迷，他的傳記裡記載了這件事：我忘了一切的追著那部汽車，我深深的受到震動，雖然我只是個孩子，我想就在那個時候，有一天我要自己製造一部汽車的念頭已經啟動了……

一九五〇年代初期，本田宗一郎推動自己的公司，進入已經很擁擠的機車工業。五年內，他成功的擊敗了汽車工業裡的兩百五十位對手，其中有五十家日本公司。他「夢想」中的機器在一九五〇年推出，實現了他兒時製造更好的機器的夢想。隨後他在一九五五年，在日本推出「超級綿羊」系列產品，一九五七年，這種產品在美國推出，同時推出現在已經極為著名的廣告口號：「好人騎本田」，這種不同流俗的產品，加個創意新穎的廣告促銷，使本田汽車立刻成為暢銷的熱門產品，也改變了已經奄奄一息的汽車工業。到了一九六三年，本田機車幾乎在世界各個國家，都變成了汽車工業裡最主要的力量，讓美國的哈雷機車和義大利的機車公司大敗。

夢想是每個人的專利。夢想是進取的目標，是對生活的一種積極進取的態度和一種深深的企盼。

一位叫約翰・戈達德（John Goddard）的美國老人，生長在洛杉磯，從小就充滿了夢想，十五歲那年，他把他一生想幹的事情列了一張表，題名為「一生的志願」，表上列著：到尼羅河、亞馬遜河和剛果河探險；登上珠峰、吉力馬札羅山；駕馭大

象、駱駝、鴕鳥；探訪馬可‧波羅（Marco Polo）走過的道路；主演一部《人猿泰山》那樣的電影；駕駛飛行器起飛降落；讀完莎士比亞、柏拉圖和亞里斯多德的著作；譜一部樂曲；參觀全球……每一項都編了號，一共有一百二十七個目標，在經歷了十八次死裡逃生和難以想像的艱苦後，約翰‧戈達德已經完成了其中的一百零六個目標。夢想真是讓平凡的生活充滿了神奇。看著這位美國老人的故事，讓人感到由衷的敬佩，會情不自禁的想到「有夢的人是幸福的。」

有了夢想，森林才那麼青翠，山峰才那麼俊秀，河流才那麼清澈，藍天才那麼蔚藍。也許，一個人可以失敗，可以遭受挫折，可以忍受孤獨和不幸，但一個人不可以失去夢想，沒有夢想的人生就像鳥失去了雙翼，船失去了雙槳。為了夢想的實現，多少勤勞、智慧、熱愛生活的人們在作出堅持不懈的追求，無論道路多麼崎嶇曲折，不管激流多麼湍急洶湧，都不能擋住人們實現夢想的願望。

偉大的夢想造就了天才，並促使這些天才們追逐自己的幻想和夢想，最終走向成功。

你制訂目標了嗎

做任何事情都要有目標而不能盲目去做，盲目的去做只會造成事倍功半，甚至什麼都做不好。但要怎樣才能有目標呢？這就關係到要怎樣制定人生目標。

　　每個人的人生目標都是獨特的，最重要的是，我們要主動掌握自己的人生目標。但這也不能操之過急，更不要為了追求所謂的崇高，或為了模仿他人而隨便確定目標。

　　制定目標前，我們必須對自己進行客觀分析，了解自己各方面的能力。因為目標設定過高，根本無法達到，反之，也挖掘不了自身潛能。確定目標後，我們還要適時作出調整，適度提高或降低期望。達成一個目標後，就要制定相對較高要求的目標，只有這樣，我們才能一步步堅定的邁向遠景目標。

　　確立目標是成功的起點。比如現在的大學生，如果能對自己的未來及時作好規劃，有所設計，平時的學習和生活就會環繞這一目標，每一天就會過得很有意義，就會成為對未來已經有所準備的人。目標的設計應科學合理。目標應具體，是可以衡量的；目標應適當，既不好高騖遠、不切實際，又不因循守舊、影響發揮；目標應體現階段性，既有短期目標和中期目標，又有長期目標。

　　大學實行專業教育，目的是培養高級專門人才。和中學生不同，大學生與自己將來要從事的事業更加接近。所以，從事業的需要和自己的志向出發，大學的學習目標應更具體、更明確。不同學科有不同的目標，工科的學生大多以成為一名合格的工程師為目標，將來要在工程領域有所造就；學經濟的學生以成為一名經濟師為目標，將來能夠在金融領域獲得成功；學藝術的學生以成為美術師為目標，將來應該在藝術領域發揮自

己的才能。總之，不同專業的學生其目標指向應該有所不同。即使同一專業，每個學生的情況不同，其具體的志向和目標也應有所不同。無論什麼目標，只要適合自己，有益社會，就可以確立。

制定人生目標必須注意：

目標必須是長期的

沒有長期的目標，你也許就會被短期的種種挫折所擊倒。設定了長期的目標後，起初不要試圖去克服所有的阻礙。就像你早上離家不可能等路口所有的交通燈都是綠色你才出門，你是一個一個的通過紅綠燈，你不但能走到你目力所及的地方，而且當你到達那裡時，你會能見到更遠的地方。

目標必須是特定的

一個獵人，當他面對樹上的一群鳥時，如果說他能打下幾隻鳥的話，那麼他肯定不是向這群鳥射擊，幾隻鳥的收獲一定是獵人瞄準特定目標的結果。

目標一定要遠大

一旦你確定只走一公里路的目標，在完成還不到一公里時，你便有可能感覺到累而鬆懈自己，因為反正快到目標了。然而，如果你的目標是要走十公里路，你便會作好思想及其他一切必要的準備，並調動各方面的潛在力量，一鼓作氣走完七、八公里後，才可能會稍微鬆懈一下自己。

制定目標基本原則：

1. 必須確定你的目標和起跑線

   要走出迷宮除了地圖和指南針外，你還要知道自己所處的位置。當你一個人坐下來後，你就可以向自己提以下的問題，並把答案寫下來：

- 我擁有怎樣的才幹和天賦？

   ✧ 什麼工作我能做得最好？

   ✧ 我能比我認識的人都做得好嗎？

- 我的熱情是什麼？

   ✧ 有什麼東西特別使我內心激動，使我分外有衝勁去完成？

   ✧ 假若有，這種衝動的熱情是什麼？

- 我的經歷有什麼與眾不同的地方？

   ✧ 我都做過哪些和別人不一樣的事？

   ✧ 我的與眾不同能賦予我特別的洞察力、經驗和能力嗎？

   ✧ 我能作出什麼不尋常的事情？

- 我所處的時代和環境有什麼特點？

   ✧ 理想往往來自人生的獨特環境、地理與政治氣候，歷史、經濟、文化背景以及許多其他因素都可能起作用。記下所有可能對你的機遇產生影響的東西。

- 我與什麼卓越人物有來往？

   ✧ 你可以與之合作的那些人的才幹、天賦與熱情一定會帶

給你靠單獨工作找不到的機遇。

· 我期望何種需求得到滿足？

　◇ 要知道，滿足某種需求的欲望往往能激發人的理想。

上面的過程一旦可能，你最好每年都做一次。如果有必要，做完了後你也可以重做一次。隔了幾年後，你可能發現自己的理想已經改變了。如果幾年來你抱著同一個理想，而且你覺得這個理想遠超過自己的能力，那麼你很可能已確定了人生的一個很好的理想了。在未來的歲月中，你也許發現，這個理想會有小小的修正或補充，但不會完全改變。

· 必須把目標清楚的表述出來

切記，你在表述你的人生目標時，一定要以你的夢想和個人的信念作為基礎。

2. 將整體的目標分解成一個個易記的目標單元

表達目標的方式多種多樣。目標可以用業績表示（如推銷一千件某種產品），也可以用時間表示（如每週三次，每次鍛鍊一個小時）。目標可以涉及人生的領域，視你想取得什麼成就而定。比如拿破崙·希爾（Napoleon Hill）列舉了一些可能的目標領域：個人發展；身體健康；專業成就；人際關係；家庭責任；財務安排……

想到什麼目標不妨先寫下來。起初，你沒必要判斷這些目標是不是能夠實現，也不要管它們是長期的還是短期的。這個階段重要的是有創意，有夢想。把能想到的都寫下來

後，再對照你的人生目標仔細的檢查一下。最後，不妨問
自己兩個問題：

其一，目標是否使自己向確定的理想邁進了一步？

如果你發現這些目標之中有什麼與你的人生目標和你的理
想不符合，一般來說你可以有兩種選擇：

· 把它去掉、忘掉

· 重新評估你的人生目標，考慮改寫

其二，你已經記下了為實現理想必須達到的二到五個目標
了嗎？

這個問題能幫助你弄清楚你所定下的目標是不是齊全了。
如果發現你的理想要求你達到另外幾個目標，就把這幾個
也寫下來。當你把目標都記下來後，你就可以著手制定走
向成功的戰略了。

3. 短期目標不但要有激勵價值，而且切實可行

4. 中短期目標應盡量具體明確，並有具體的實施時間

中短期目標需要定得越具體越好，最好加上每一步的時間
安排，這樣可以讓你完成起來更加直接。

5. 必須行動起來，否則一切都成為空想

目標制定中執行也很重要，不能執行的目標，沒有任何意
義，只會被認為是空想。

6. 定期評估計畫的執行情況

定期評測進展，這和你的行動同樣重要。隨著計畫的進

展，你有時會發現你的短期目標並沒有使你向長期目標靠攏；也許，你可能發現你當初的目標不怎麼現實；又也許你會覺得你的中長期目標中有一個並不符合你的理想及人生的最終目標。不管是怎樣的情況，你都需要作出調整。

你可以把下面這句話貼在最能引起你注意的地方：

「我現在做的事情會使我更接近我的目標嗎？」

7. 應該慶賀自己已取得的成就

當一切都已經成為現實之後，一定要記住抽點時間慶祝已取得的成就。拿破崙‧希爾成功學歷來相信獎勵制度。你取得預期的成果後，你自然應該獎勵自己，善待自己。小成果小獎，大成果大獎。但是絕不能在完成任務之前提前消費，獎勵自己。最好，當你取得一項重大成就時，一定要把對自己成功的慶賀辦得終身難忘。

第三章　規劃全一點，運籌帷幄以步步為營

—— 有條不紊接近成功

有了目標對於成功者來說，只是萬里長征走了第一步，接下來就要制定做事的步驟，即規劃。做任何事都不能沒有規劃，規劃是成功的保障，規劃也是成功的必備條件。沒有規劃，就沒有一切。有了規劃再行動，成功的機率會大幅度提升；沒有規劃而盲目行動，是失敗的開始。

達到目標前需做的計畫

做計畫可以讓事情的進程有條不紊。此外，計畫還是一面鏡子，讓我們隨時檢查自己是否達到了預期的目標，同時有哪些不足。

通常計畫至少包括以下幾個內容：

一、設定一個期限

諸如「我將來要成為一個千萬富翁」之類的豪言，在小孩子的口裡說出來並沒有什麼不對。但作為三十歲的成年男人，我們要知道目標是具體的，而不是一個憧憬。一個沒有期限的目標不能算作是一個目標，只能是一個夢想或憧憬。你要成為千萬富翁，在你多少歲的時候？如果是四時歲的話，那麼你還有十年的時間，你這十年該如何分配任務？第一年，達到多少財富，如何獲得？第二年，達到多少財富，如何獲得……以此類推。

二、確認你要克服的障礙

成功的意思是克服障礙。沒有任何成功不是由克服障礙而成就的，在你向自己的目標前進的時候，你所遇到的每一個障礙都是來說明你達到這個目標，所以要先確認你的障礙，將他們寫下來，其次對你目前的障礙設定優先順序，找出哪一件事影響最大，發掘通往成功路途中的大石塊，全神貫注的解決他。

三、提高相關的知識與能力

要達到目標，你還在哪些知識或能力上有（或將會出現）缺陷？找出來，設定優先順序，一一將這些短板加長。我們生活在一個以知識為基礎的社會裡，不管你設定了什麼目標，你想要達成他，必定需要用更多的知識來支持。你需要有針對性的不斷充電。

四、尋找外界的支援

哪些困難是我自己所難以克服的？哪些事情是必須別人幫助才能做好的？誰能在這個目標上說明我？我要如何做他才有可能幫助我？一般來說，越是大的事業，越是難以獨立完成。一個人的力量著實有限，要懂得利用別人的說明來達成自己的目標。同樣，你要列出需要支援的事項的輕重緩急，從最緊要的事項著手尋找對應的人。播種收割定律告訴我們：你所獲得的常常是多於你所付出的。如果你認真的好好播種，你的收成會比你播種的多出許多。

五、把計畫寫在紙上並堅決執行

所有的成功人士都是一個有計劃的人，計畫就是建立各種活動一覽表，再將這個活動一覽表按照重要性的優先順序和時間先後，重新排列一下次序；什麼是你首先應該做的，其次做什麼？什麼是最重要的，什麼是次要的，然後再依照你的計畫行動。一定要堅定的執行你的計畫。計畫不是擺著看的，是用來執行的，否則計畫就完全失去意義。

六、適時修正計畫

有計劃的好處在於：你每天都在心中有數的朝目標邁進。當然，有時候會出現「計畫跟不上變化」的情形，但那不是計畫無用的理由，你可以透過微調來修正計畫。

計畫並不意味著一切都會準確無誤的實現。實際上會有許多事情與人們的初衷相差甚遠，但計畫仍有很重要的意義。對計畫的一個作用定義是「控制偏差」。我們需要計畫，否則偏差就無從談起。有這樣一個小故事：一名乘客在月臺上等火車，可火車晚點了很長時間還沒有來。最後這名乘客怒氣衝衝的跑到站長面前質問：「火車晚點了二十分鐘，還要列車時刻表有什麼用？」站長平靜的回答說：「親愛的先生，如果沒有列車時刻表，您怎麼能知道火車晚點了呢？」

要怎樣才能達到目標？

簡單的說法是「行動」。但行動的方法有一個次序問題、輕重緩急問題。譬如你打算攀登一座高峰，山峰就是你的目標。但在攀登之前，還有很多具體的事務需要計畫好：需要哪些裝備？裝備是否已經完備？有沒有足夠的預算來採購缺少的裝備？是結伴還是單獨挑戰？……

我們通往目標的路，絲毫不比登山輕鬆。因此，在你朝目標邁進之前，一定要有一個合理的計畫。計畫非常重要，因為只有有了計畫，才能知道自己是否偏離了航線，幫助我們減少人力物力的浪費。同時，計畫可以幫助我們分清工作的輕重緩

急，並排出先後次序，以保證工作的順利完成。

事情分輕重緩急

日常工作與生活中，我們會遇到各種各樣的事情。但這些事情我們沒有必要都花同樣的時間與精力去對待。一般來說，事情可以分為四種：一是既重要又緊急的事情，如馬上要解決的緊急問題；二是重要但不緊急的事情，如一些計畫與規劃；三是緊急但不重要的事情，如某些必須要開的會議；四是既不重要也不緊急的事情，如一些不必要的雜事。如果是你的話，你會先做什麼樣的事情呢？

有這樣一個例子對上述的四種事情做了很好的比喻。有一個木桶，要往裡面裝下面的四種東西，它們分別是大塊的石頭、碎石、沙、水。如果讓你裝會先裝什麼呢？如果我們先往桶裡裝碎石的話，後面就裝不下大的石塊了。因此，我們要往桶裡裝這四種東西應該先往裡面裝大石塊，然後是碎石，裝滿後還可以裝沙，而最後還可以倒水充滿整個桶。那麼這裡的四樣物體分別代表了哪四種事情呢？大石塊代表是重要但不緊急的事情，碎石代表緊急而又重要的事情，沙代表緊急但不重要的事情，而水就代表不緊急也不重要的事情。

為什麼我們要先做不緊急但重要的事情呢？很多人會有這樣的疑問。那些緊急又重要的事情不是我們必須馬上要做的嗎？我們可以這樣理解：這些碎石都是從大石塊那裡來的。如果我們的年度計畫制定後（這是重要但不緊急事情），然後抓緊

時間提前完成所制定的計畫，這樣我們的緊急又重要的事情就會大量的減少。

因此，我們不要一味被我們眼前緊急而又重要的事情牽著鼻子走。我們要認清這些事情是為什麼產生的。很多時候是由於我們的計畫不能按部就班的執行而產生的。所以，我們要提高自己的工作效率，首先就要制定好我們的工作計畫，然後再按照計畫去完成，這樣的工作效果一定會好。

伯利恆鋼鐵公司總裁查爾斯‧施瓦布（Charles Schwab）曾會見效率專家艾維‧利（Ivy Lee）。艾維‧利說自己的公司能幫助施瓦布把他的鋼鐵公司管理得更好。施瓦布承認他自己懂得如何管理，但事實上公司不盡如人意。可是他說自己需要的不是更多知識，而是更多行動。他說：「應該做什麼，我們自己是清楚的。如果你能告訴我們如何更好的執行計畫，我聽你的，在合理範圍之內價錢由你定。」

艾維‧利說可以在十分鐘之內給施瓦布一樣東西，這東西能使他的公司的業績提高至少百分之五十。然後他遞給舒普一張空白紙，在這張紙上寫下你明天要做的六件重要的事。過了一會兒又說：「現在用數字標明每件事情對於你和你的公司的重要性的次序。」這大約五分鐘。艾維‧利接著說：「現在把這張紙放進口袋：明天早上第一件事是把紙條拿出來，做第一項。不要看其他的，只看第一項。著手辦第一件事，直至完成為止。然後用同樣的方法對待第二項、第三項……直到你下班為止。

如果你只做完第一件事，那不要緊，你總是做了最重要的事情。」

艾維‧利又說：「每一天都要這樣做。你對這種方法的價值深信不疑之後，叫你公司的人也這樣幹。這個試驗你愛做多久就做多久，然後給我寄支票來，你認為值多少就給我多少。」

整個會見歷時不到半個鐘頭。幾個星期之後，施瓦布給艾維‧利寄去一張二萬五千元的支票，還有一封信。信上說從錢的觀點看，那是他一生中最有價值的一課。

後來有人說，五年之後，這個當年不為人知的小鋼鐵廠一躍成為世界上最大的獨立鋼鐵廠，而其中，艾維‧利提出的方法功不可沒。這個方法還為查理斯‧施瓦布賺得一億美元。

其實，事情要分輕重緩急，我們的古人早就懂得這個道理。三國時候，有一個叫于禁的人，是魏國五良將之一。他最早隨鮑信起兵，後來又一起歸附曹操，被任為官軍司馬。從此跟隨曹操四處征戰。有一次曹操的青州兵四處搶劫，被于禁追殺後就去告發于禁叛變，恰好此時張繡叛變來攻，于禁就先紮下營寨才去見曹操。曹操問他怎麼不先來解釋，于禁認為分辯事小，退敵事大。曹操因此十分高興，於是封他為益壽亭侯。

小時候聽過這樣一則寓言故事：從前，有兩個獵人，一起去野外去打獵。這時，一隻大雁向他們飛過來。

「我把牠射下來煮著吃。」一個獵人拉開弓瞄準大雁說。

「鵝是煮著吃，大雁還是烤著吃更香。」另一個獵人說。

「煮著吃」。

「烤著吃。」

兩人爭論不休，最後來了一個農夫，於是他們要農夫為他們評理。農夫給他們出了一個主意：把大雁分成兩半，一半煮著吃，一半烤著吃。兩人認為有理，決定將大雁射下來，但這時大雁已經飛走了。

這則寓言故事給我們的啟示是：做事要分輕重緩急，機會來臨稍瞬即逝，如果我們過多的去追求一套完美的解決辦法，或者力爭達到統一認識，但等制定了一個完美方案或統一了認識後，這時，機會已經錯過了。

把一天的時間安排好，這對於你成就大事是很關鍵的。這樣你可以每時每刻集中精力處理要做的事。但把一周、一個月、一年的時間安排好，也是同樣重要的。這樣做給你一個整體方向，使你看到自己的宏圖，從而有助於你達到目標。

總之，無論做什麼事都要分清事情的輕重緩急，作出最恰當的決定，最合理的安排，生命才有意義。

盲目做事勞而無功

一隻狐狸失足掉進了井裡，不論牠如何掙扎都無法爬上去，只好待在那裡。剛好有一隻公山羊覺得口渴極了，來到這井邊，看見狐狸在井下，便問牠井水好不好喝？狐狸覺得機會來了，心中暗喜，馬上鎮靜下來，極力讚美井水好喝，說這水是天下第一泉，清甜爽口，並勸山羊趕快下來，與牠痛飲。一

心只想喝水信以為真的山羊，便不假思索的跳了下去，當牠咕咚咕咚痛飲完後，就不得不與狐狸一起共商上井的辦法。

狐狸早有準備，牠狡猾地說：「我倒有一個方法。你用前腳扒在井牆上，再把角豎直了，我從你後背跳上井去，再拉你上來，我們就都得救了。」公山羊同意了牠的提議，狐狸踩著牠的後腳，跳到牠背上，然後再從羊角上用力一跳，跳出了井口。

狐狸上去以後，準備獨自逃離。公山羊指責狐狸不信守諾言。狐狸回過頭對公山羊說：「喂，朋友，你的頭腦如果像你的鬍鬚那樣完美，你就不至於在沒看清出口之前就盲目跳下去。」

這個故事說明，聰明的人應當事先考慮清楚事情的結果，然後才去做，不要盲目做事。

每個人都要提高自己做事的目的性，忙於做事，就要養成善於規劃的好習慣，避免眉毛鬍子一把抓。然而，令人感到遺憾的是，在我們的周圍，常常能發現一些行動盲目、毫無計畫的人，整天忙得暈頭轉向，結果卻可能做了許多無意義的事情而使忙碌失去了價值，從而失去了許多能忙出業績的機會。

在這裡講一個公司裡盲目行事的故事，看看盲目做事會帶來什麼後果：

某公司剛搬到了新的辦公地點，老王要在辦公室裡掛一幅字畫，便叫同事幫忙。同事來看了看說：「直接在牆上釘釘子不好，先固定兩個木塊，把字畫掛在上面。」老王聽從了同事的建議，就去找鋸子鋸木塊。剛鋸了兩三下，同事說：「不行，鋸子

太鈍，得磨一下。」

　　於是他丟下鋸子去找銼刀。銼刀拿來後他又發現銼刀的柄壞了。為了替銼刀換一個木頭手柄，他拿起斧頭去樹林裡找小樹。就在要砍樹時，他發現那把長滿鐵銹的斧頭不好用，必須磨一下。當他將磨刀石找來後又發現，要磨快那把斧頭，必須用木條把磨刀石固定起來。為此，他又出去找木匠，想從他那裡找一些木條。

　　老王要掛一幅畫，但由於盲目行動，毫無計畫，時間都花在做無謂工上：找鋸子、找銼刀、找斧頭等。忙忙碌碌，最後，發現與結果背道而馳。許多效率低下，努力工作卻業績平平的人最容易犯的錯就是盲目行動，毫無計畫的把大量的時間和精力浪費在一些無用的事情上。

　　卡內基（Dale Carnegie）認為計畫並不是對一個人的一種束縛與管制，必須做什麼或不應該做什麼並不是由計畫決定的，而是由我們面臨的不斷變化的外部環境所決定的。「凡事預則立，不預則廢」，要高效做事，不做盲目之事，就要養成事前制定計畫的好習慣。

　　因為，努力不等於成功，不等於效率，無法用時間的堆積創造利潤，只有有計劃地忙，忙到點子上了，這樣才能忙出效率、忙出業績。

　　前幾年曾看到一篇報導，有對夫妻初入股市，不懂股市操作規定，誤把權證當股票買入。沒想到這只權證到了第二天就

是行權日，夫妻二人以為是股票正常停盤，結果錯過了機會。一生三十萬的積蓄一夜之間變成了一堆廢紙。

看到這篇報導後，我為夫妻倆惋惜，也為他們的無知而無奈。

透過這件事情使我想得很多。無論是做什麼事情，都不要盲目的去做。把自己要做的事情考慮周全，把自己不懂的地方，細緻的請教懂此事之人，問明學會以後再做決定，以免給自己帶來不必要的損失。

如果是在創業之初，也是如此，想要創業，就必須做到心中有數。自己要有一個明確的目標，不要看到別人創業成功，就盲目的效仿別人。這樣只會導致失敗和財產的損失，就像上面所說的夫妻倆一樣。我想無論任何人，都不想有這樣的結果。也不想把這樣的沉痛教訓留給自己。

常言道，兵馬未動，糧草先行，也是這個道理。不打無準備之仗，不做無把握之事，不做盲目之事。

站得高才能看得遠

日本的經營之神松下幸之助先生曾經說過：「想知道一個人會有什麼成就，可以看他在晚上的時間在做什麼。如果能夠善用七點到十點鐘的人，他的成就將比一般人高出兩倍。」表面看這句話不太明瞭，其實他是想告訴你，人得站高一點，眼光放長遠一點，多為未來作打算。

有兩個年輕農民一起挑水去城裡賣，一桶賣一元，一天可

以挑二十桶。

　　甲：「我們每天挑水，現在可以挑二十桶，但等我們老了還可以一天挑二十桶嗎？我們為什麼不現在挖一條水管到城裡，這樣以後就不用這麼累了。」

　　乙：「可是如果我們把時間花去挖水管，我們一天就賺不到二十元了。」

　　所以乙不同意甲的想法，就繼續挑水。而甲開始每天只挑十五桶，利用剩餘的時間挖水管。

　　五年後，乙繼續挑水，但只能挑十九桶，可是甲挖通了水管，每天只要開水龍頭就可以賺錢。

　　不知道大家對這個故事有什麼感想？

　　我們一般人都像乙，每天把時間都花在公司，白天上班，晚上加班，為的只是要賺眼前的二十元。為什麼我們不能像甲一樣，挪出一點時間，把時間投資在自己的未來。現在經濟不景氣，很多公司外移，我們還在等公司決定我們的未來嗎？公司保障我們現在的生活品質，但他會保障我們的未來生活嗎？我們為什麼要把未來交給別人？

　　人的智商差距都不會太大，為什麼有的人就顯得聰明呢？因為他們見多識廣，接觸的東西較為先進。比如一個偏僻山區長大的孩子，無論智商多高，如果不出去見世面，又怎麼聰明得起來呢？人的才智是靠見識，是靠學習，是在行動中鍛鍊出來的。

人的認知都是受環境局限的，所以多見世面，去發達的國家考察、學習，就容易事半功倍的增長才智。

有一天，一個小孩正在使用他的小望遠鏡，他對父親抱怨說：「這東西不好，不用它我還可以看得更清楚，每樣東西都變得那樣小。」他的父親笑笑，原來那小孩看反了，他從縮小的那一頭看，難怪無法看到放大的東西。父親輕輕的將望遠鏡筒倒過來。於是那位小孩的視野就被擴展了。

如果你過分的看重眼前利益，就像是將望遠鏡拿倒了，你只會看到縮小的世界；如果你懂得從長遠的目標看問題，你就是在正確的使用望遠鏡，你的視野就會被擴展。

有人說，人的一生就像爬一座山。目標高的、欲望大的，爬一座大山；目標小的、期望值低的，爬一座小山。

這就是站得高才能看得遠的道理。古人云：「登高而招，臂非加長也，而見者遠；順風而呼，聲非加疾也，而聞者彰。」一個人在較高的目標指引下，前進的動力就足，克服困難的勇氣就強，工作起來幹勁就大。如果目標過低，且較容易實現，則動力和幹勁就小得多。因此，前進的目標不能過高或過低。過高了，欲速則不達，很容易氣餒；目標過低，又起不到激勵作用。所以，在給自己定目標時，應客觀的、歷史的對現狀進行分析，以透過艱苦細緻的努力，能達到預定的目標為宜。

比如在爬一座山時，要著重考慮兩個方面的問題：一是爬到山頂需要多長時間，花費多少代價；二是在爬到山頂時，或

爬到半路不能再爬時，有足夠的能力爬回來。

　　大目標，大動力，大發展；小目標，小動力，小發展；無目標，無動力，難發展。只要有信心，可以化渺小為偉大，也可以化腐朽為神奇。

先處理生命中的「大石塊」

　　某日，一位時間管理學教授為一群大學生講課。上課接近尾聲時，教授拿出一個兩升的廣口瓶放在桌上：「我們最後來做個小試驗。」隨後他取出一堆拳頭大小的石塊，把它們一塊塊的放進瓶子裡，直到石塊高出瓶口再也放不下了，他才問：「瓶子滿了嗎？」

　　所有的學生都回答：「滿了。」

　　他反問：「真的嗎？」說著他從桌下取出一桶礫石，倒了一些進去，並敲擊玻璃壁使礫石填滿石塊間的間隙。「現在瓶子滿了嗎？」

　　這一次學生有些明白了，「可能還沒有滿。」一位學生說道。

　　「很好！」他伸手從桌下又拿出一桶沙子，把它慢慢倒進玻璃瓶。沙子填滿了石塊的更多間隙。他又一次問學生：「瓶子滿了嗎？」

　　「沒滿！」學生們大聲說。教授再拿一壺水倒進玻璃瓶直到水面與瓶口齊平，然後，教授問學生對這個小試驗的感受。

　　一個學生發言說：「它告訴我們：無論你的時間表多麼緊湊，如果你真的再加把勁，你還可以幹更多的事！」說完這個學生解

釋了兩層意思：一是要擠時間，正如魯迅說：時間就像海綿裡的水，只要你肯擠，它總是有的。擠時間就可以在有限的時間內辦更多的事，提高時間利用率；二是科學安排才能更好的擠出時間來：就像往瓶子裡裝石塊，先裝大的，其次裝小的，然後填沙子、添水，科學利用時間，才能擠出更多的時間，辦更多的事。

但教授聽後，卻不完全同意，因為他的感受更深刻，他把裝瓶子與人生選擇連繫起來，告訴我們一個更深刻的人生哲理──

人的生命中，什麼是最重要的、將決定你前途命運的「大石塊」呢？諸如：你的信仰、理想，你的學識、本領……一定要先把那些重要的「大石塊」解決好，然後再一步步去解決人生其他一些問題，切莫被眼前的小沙子遮住視線，或纏住身軀，那樣你的人生「瓶子」將裝不進太多的東西，也將毫無價值。

沒有瓶中原先的石塊，縱使沙子滿瓶，最後也只是一個平庸的沙罐；沒有瓶中原先的石塊，縱使清水溢出，最後也只是一個普通的水瓶。但當石塊裝滿空瓶，沙子與清水存在於石塊間隙，這一切都將與眾不同。人生也是如此，關鍵處僅有幾步，而正是這幾個重要的選擇，將我們定格在人生座標中的某一位置，所以我們應珍視這生命中的大石塊。

首先，我們要學會發現生命中的大石塊。上帝在為你關閉一扇門時，會為你打開另一扇窗。楊振寧上中學時的成績並不是很突出，但他發現自己對物理很有感覺，在了解到自己無法

成為全才時，他決定鑽研物理，最後成了諾貝爾物理學獎的得主。正是有了對於自己恰當的認識與定位，才有了今天各行各業的佼佼者、成功者和領袖。我們要做的是發現自己的天賦，讓自己的生命有「石塊」支撐。

其次，我們要學會選擇生命中的大石塊。人們為曾國藩家書中的雋永言辭而深受觸動：「為官則公正無私，舉賢若渴；為將則步步為營，穩中求勝，奇正相佐；為儒則謙和內斂，毫無文人狂傲之氣；為父為兄則嚴子律己，不使一人得道而雞犬升天。」他將自己定格為一位清正廉潔的好官，一位足智多謀的武將，更是一位謙虛儒雅的文臣，這一切為他贏得了「內聖外王」的稱號，使得他成為那個動盪時期清廷的中流砥柱。曾國藩對自己的正確定位，緣於他選擇對了自己生命中的石塊，也許後來沙子與水有所不妥，但他對清朝的貢獻卻是不能忽視的。

同時，我們也要學會擺放生命中的大石塊。每個人都有成功的機會，但不是每個人都能抓住成功。世界首富比爾蓋茲（Bill Gates）的傳奇一生就給我們這樣一個例子，剛考入大學，面對軟體市場潛藏的利潤空間，蓋茲放棄了學業，而與他關係要好的另一同學卻認為這是不可能的，繼續修學，後來蓋茲成為世界首富，而那個人則默默無聞，正是蓋茲正確的選擇才有了後來的微軟。認識自身的優勢，把握機遇，將生命中的大石塊擺放在正確的位置，讓合適的道路為你通向合適的山峰，這就是成功。

第四章　腦筋活一點，「變」才是唯一「不變」的真理

—— 做事不能拘泥於條條框框

我們每天面對層出不窮的矛盾和變化，是刻舟求劍以不變應萬變？還是採取靈活機動的變通方式？這是我們要確立的一種做事的態度。實踐證明，要想進退自如、成就一番大事業，就要因地制宜，學會隨機應變，不要死守規矩不放。一件事情不只有一種做法，一句話不只有一種表達方式。我們只要掌握了變通之道，就能應對各種變化，在變化中尋找機會，在變化中取得成功。

曲線有時離成功最近

　　這是一個美國人的故事。他小時候的夢想是當一名出色的教師，可他從師範學院畢業後，卻改變了初衷，前往丹佛市國際函授學校應聘，當上了一名函授課推銷員。他為此付出了最大的努力，但業績並不理想。

　　第二年，在一名老資格推銷員的指點下，他來到奧馬哈為阿摩爾公司推銷火腿、肥皂和豬油，並被指派到南達可達州西部一個惡劣的地域開展工作。憑著從小對家畜的熟悉，很快，他就打開了那裡的市場，業績由區域第二十五名，躍升至第一名。

　　當公司決定升他為區域經理時，他卻不顧父母的極力反對，作出了一個令人瞠目結舌的決定：用存下來的錢，去嘗試做一名演員。沒做多久，他意識到自己在戲劇行當沒有前途，又決定嘗試一種更有意義的生活，以實現他兒時的夢想。接下來，他白天寫書，晚間去夜校教書，以賺取生活費用。在教書期間，他發現：培養一個人的人際關係、處世技巧，對成年人來說是一門十分重要的人生必修課。於是，他說服紐約一家基督教青年會的會長，嘗試著開辦起了公開演講課。獨特的互動式教學方法，使他一炮走紅。

　　不久，他成為一名享有盛譽的講師。

　　與此同時，為提高自身素養，他報名到哥倫比亞大學選修新聞學，又到紐約大學選修短篇小說課程。他的寫作水準因

此得到了顯著提高，不久，他的文章開始在一些報刊上發表。二十八歲那年，他與普林斯頓大學講師洛維爾·傑克森·湯瑪斯 (Lowell Jackson Thomas) 一起策劃了一項關於「二戰」時的戰爭故事與軼事的演講，這項演講獲得了成功，使他名聲大振。

三十四歲時，他正式成立了自己的培訓機構。在其後的二十年裡，他的培訓機構如雨後春筍般發展成為全國性的機構。他的《人性的弱點》、《人性的優點》等主要著作，傳遍全美，並跨越國界，成為全世界成人教育的經典教材。

他就是美國著名成人教育家，開創融演講術、推銷術、做人處世術、智力開發術等為一體的獨特教育模式的戴爾·卡內基 (Dale Carnegie)。

卡內基的成功看似偶然，其實卻有著必然性。他的推銷經歷、演員經歷、講師經歷、巡演經歷、寫作經歷等，這些看似與成功不相關的經歷，卻連成了一條彎彎的陸線，它的終點便是夢想成真。

人生中，通向成功的道路從來都不會是直線，許多時候，曲線才是抵達成功的捷徑。

當你有了長遠的人生規劃後，要做的第一件事就是告誡自己不要急躁。要知道，人生旅途中是沒有那麼多捷徑的。人生就像是爬山，我們沿著曲折的山路，拐許多彎，兜很多圈，有時覺得好似都背離了目標——那最高的山峰，其實，你是離目標越來越近了。懂得兜圈子、繞道而行的你，往往是第一個登

上山峰的人；那些不懂而硬爬的人，往往會反覆掉落，摔得頭破血流。

處事在於靈活多變

有位哲人說，做人要像山一樣，做事要像水一樣。山是挺拔巍峨的，水是流動多變的，這句話告訴我們，做人要有原則，做事要靈活多變。

很多年前，我曾聽過這樣一個故事：曾經有一位禪師對大夥兒說自己法力無邊，能將附近的一座大山在某年某月的某一天移到自己的跟前。大家雖都不信，但也想看看這位禪師究竟會怎樣做，於是很多人都去看禪師移山。此後每一天，大家看到禪師都對著山凝神運氣，口中念念有詞：「山過來，山過來，山過來……」

眼看著承諾的時間一天天臨近，大夥兒依然沒看到山有一點前移的跡象，於是看他的人一個個離開了，很多人都覺得禪師欺騙了自己。此後的每一天，禪師依然努力的喊著，聲音更大了，也更虔誠了，但是山仍然沒有一絲一毫的移動。

最後一天終於來到了，絕大多數人都已經失望的離開了，最後只有一個小夥子依然堅守著，因他相信老禪師一定會給他驚喜的。傍晚時分，禪師突然大叫一聲：「山不過來，我過去！」，隨即迅速向山腳下沖去。幾分鐘後，愣在那裡的小夥子驚呆了，因為他看到山雖然沒有移動，但分明已經在禪師的面前了。

這是一個不可思議的故事，很多年過去了，我總會時不時的想起它，想起老禪師說的那句話：「山不過來，我過去」。我總覺得有一種奇異的力量在吸引著我。如今再細細想想，這個故事確實給了我很多啟示，最主要的一點就是：做事要靈活多變。

老禪師不是神仙，自然知道山不會跑到自己跟前。他這麼做其實就是要人們懂得，做事不能太死板，應該靈活多變，達到目的才是最重要的。這一點在我們做事的時候，其實是非常重要的。

比如教師在教育孩子時，經常會給學生提出一些要求（或者一些任務），當大多數孩子能完成，只有個別孩子沒有完成時，一些老師會想：這個孩子怎麼這麼笨啊！於是很多時候會用同樣的要求去逼孩子完成任務，完不成時甚至還會用一些違背教育法規的做法去懲罰學生，以期達到目的。其實久而久之，大家都知道結果是適得其反的。

從老禪師的故事中，我體會到：無論做什麼事都應該方法靈活、善於應變。如果方法得當，效果自然會更好。

一個人做人做事固然要往光明正大的坦途上走，可惜往往一不小心就發生偏離而得到相反的結果。這裡特別提出忠告，一個人即使能做到不偏不頗，也要善於運用一些小聰明，小聰明裡面往往蘊涵著大智慧，能把做不好的事情做好，能把做不成的事情做成。

　　相傳包拯在定遠縣任縣令時，用「前夫」和「後夫」巧排迷陣，妙點鴛鴦譜，成全了一樁美滿姻緣，其佳話流傳至今。

　　定遠縣王員外的女兒貌美心善，自幼許配給了李員外的兒子李侃。李侃生得一表人才，且聰慧好學，是王員外意中的乘龍佳婿。可惜天有不測風雲，後來李員外家道中落，王員外嫌貧愛富，賴婚後將王小姐許配給了翟秀才。

　　王小姐與李侃從小青梅竹馬，少男少女的純真友情已被歲月深化成了至死不渝的愛情。所以，王小姐據理抗婚。然而父母之命，一個弱女子又怎能抗爭得過？王小姐終日以淚洗面，茶飯不思……而翟秀才那邊卻已擇好了良辰吉日。在他前去娶親的那天，李侃終因放不下心上人，一張狀子送到衙內，告王員外賴婚、翟秀才搶人。

　　包拯看罷狀子，又細問了情況後，傳令李侃、王小姐、翟秀才一起上堂。包拯先對翟秀才曉之以理：「李侃是王小姐的前夫，婚約在先。你身為秀才應知書達理，還是成人之美吧！」翟秀才根本不聽包拯善意的勸說，分辯道：「憑什麼告我搶人？是王小姐自願的。」包拯借機說：「那好，既然這樣，就請王小姐自認吧。」

　　包公依計行事，讓他們呈豎排跪著：前頭是翟秀才，中間是王小姐，末後是李侃。然後他對王小姐說：「請你聽好，你是願與前夫陪伴終身，還是願與後夫白頭偕老，本官決定由你自選。一旦認定，落文為憑。」王小姐聽罷，即刻說願與李侃，包

拯糾正說只用「前夫」或「後夫」之詞。王小姐向後面望著，想說「後夫」，又怕翟秀才當堂糾纏，而她心裡只有李侃，一時不知該怎麼辦。包拯請她直說，王小姐急切中說：「老爺，小女子願與前夫陪伴終身！」

三人落手印，心態各異。翟秀才高興得眉飛色舞，李侃卻愣住了，想不到信誓旦旦的王小姐會變卦！而王小姐則熱淚滾滾。包公見狀哈哈大笑說：

「好！王小姐不嫌貧寒，願與前夫結百年之好。李侃，還不快領小姐回去成親？退堂！」這時，王小姐破涕為笑，李侃也化愁為喜，唯有翟秀才無話可說。真是大堂之上，有人歡喜有人憂。看著有情人終成眷屬的情景。包拯欣慰的笑了。

原來，包拯處事靈活機智，早就設好了「套子」，無論王小姐說的是「前夫」還是「後夫」，他都會成人之美，讓李侃和王小姐拜堂成親。

行不通時就換招

某些以魚類為生的鳥類，其嘴的形狀，直直的，上下兩部分都又長又寬闊。吞吃食物時，有的常常把捕到的魚兒往空中一拋，讓那條魚頭朝下尾朝上落下來，然後接住一口咽了下去，這樣的吃法可以使魚在通過咽喉時，魚翅的骨頭由前向後倒，不會卡在喉嚨裡。

社會複雜多變，人心叵測，為人處世，求人辦事也一樣會碰到各種「刺兒」，這個時候便不能一條道跑到黑，而應該想辦

法兜個圈子，繞個彎子，避開釘子。這是做人應該具備的策略和手段。連沒有長出羽毛的鳥都會「把魚倒過來吃」，聰明人更不會赤膊上陣，硬碰釘子，讓刺卡在喉嚨中。

如果你魄力不足，不妨施以巧計；條條大路通羅馬。有以勇氣開闢的光明大道，也有以巧計鋪設的捷徑。勇謀相較，謀取為多；勇謀相搏，謀者多勝，此為不刊之論。如果你難以如願以償，就會有遭人白眼之時。

現實生活中，不管處理任何事情，都要靈活應變。此招不行，趕快換招，否則，即使你用盡了力氣，恐怕也難以達到目的。

有一個故事是這樣的：有一次，太陽和風為爭論誰最強大而吵起來了。風先說：我們來比試比試吧。看到那個穿大衣的老頭了嗎？誰讓他更快的脫掉大衣，誰就最強大，我先來。

於是太陽躲在了一邊，風朝著那老人呼呼的吹起來。風越吹越大，最後大到像一場颶風。可老人隨著風的變大，反而把大衣裹得更緊了。

風放棄了，漸漸停了下來。這時，太陽出來了。他用溫暖的微笑照在老人身上，不久，老人覺得熱了，他脫掉了大衣。

太陽對風說道：看到了吧，溫暖和友善比暴力和粗魯要強大得多。

由此可知，無論做任何事，要剛柔相濟，靈活多變，才能成功。人如果無剛，則不能自立，不能自立則不能自強，不能

自強也就不能成功；人也不可無柔，無柔則不親和，不親和就
會陷入孤立，四面楚歌，自我封閉，更難以成功。

做事不能認死理

　　生活中不少場合，你不要認真，不能認真，更不能較真。
相反，你不認真，不計較，避開風頭和鋒芒或反其道而行之，
矛盾反而迎刃而解，氣氛一下就完全改變，達到了新的和諧。
做事不要太認死理，也不要太較真，這正是有些人生活並不富
足卻活得瀟灑的原因。

　　人非聖賢，孰能無過。與人相處就要互相諒解，經常以
「難得糊塗」自勉，求大同存小異。有度量能容人，你就會有很
多朋友；相反，「明察秋毫」，眼裡不揉半點沙子，過分挑剔，
什麼雞毛蒜皮的小事都要爭個是非曲直的人，人家也會躲你遠
遠的，最後，你只能關起門來「稱孤道寡」，成為人人避之唯恐
不及的異己之徒。

　　做事固然不能玩世不恭，遊戲人生，但也不能太較真，認
死理。太認真了，就會對什麼都看不慣，連一個朋友都容不
下，把自己同社會隔絕開。鏡子看上去很平，但在高倍放大鏡
下，就成了凹凸不平的山巒；肉眼看很乾淨的東西，拿到顯微
鏡下，滿目都是細菌。試想，如果我們「戴」著放大鏡、顯微鏡
生活，恐怕連飯都不敢吃了。再用放大鏡去看別人的毛病，恐
怕許多人都會被看成罪不可恕、無可救藥的了。

　　我老家有一個婦女，十分固執，只認死理，特愛較真。在

家和老公為孩子穿涼鞋還是穿球鞋要較真，在村裡為一點小事要和鄰居爭個是非曲直。人是個很好的人，就是這個毛病讓不了解她的人認為她很怪，難以相處。其實，她不明白，很多事情爭贏了又怎麼樣呢？可能失去的更多。

清官難斷家務事，在家裡更不要認死理，否則就愚不可及。家人之間哪有什麼原則與立場的大是大非問題，都是一家人，非要分出個對和錯來，又有何用？處理家庭瑣事要採取「綏靖」政策，安撫為主，大事化小，小事化了，和稀泥，當個笑口常開的和事老。家是避風的港灣，應該是溫馨和諧的，千萬別把它演變成充滿火藥味的戰場。

如果我們明確了哪些事情可以不認真，可以敷衍了事。我們就能騰出時間和精力，全力以赴認真去做該做的事，我們成功的機會和希望就會大大增加；同時，由於我們變得寬宏大量，人們就會樂於同我們交往，我們的朋友就會越來越多，事業的成功伴隨著社交的成功，豈非人生一大幸事？

善於變通才能把握時機

戰國時期，秦國有個人叫孫陽，精通相馬，無論什麼樣的馬，他一眼就能分出優劣。他常常被人請去識馬、選馬，人們都稱他為伯樂。

有一天，孫陽外出打獵，一匹拖著鹽車的老馬突然向他走來，在他面前停下後，沖他叫個不停。孫陽摸了摸馬背，斷定是匹千里馬，只是年齡稍大了點。老馬專注的看著孫陽，眼神

充滿了期待和無奈。孫陽覺得太委屈這匹千里馬了，它本是可以奔跑於戰場的寶馬良駒，現在卻因為沒有遇到伯樂而默默無聞的拖著鹽車，慢慢的消耗著它的銳氣和體力，實在可惜！他想，這世間到底還有多少千里馬被庸人所埋沒呢？為了讓更多的人學會相馬，孫陽把自己多年累積的相馬經驗和知識寫成了一本書，配上各種馬的形態圖，書名叫《相馬經》。目的是使真正的千里馬能夠被人發現，盡其所才，也為了自己一身的相馬技術能夠流傳於世。

孫陽的兒子看了父親寫的《相馬經》，以為相馬很容易。他想，有了這本書，還愁找不到好馬嗎？於是，就拿著這本書到處找好馬。他按照書上所畫的圖形去找，沒有找到。又按書中所寫的特徵去找，最後在野外發現一隻癩蛤蟆，與父親在書中寫的千里馬的特徵非常像，便興奮的把癩蛤蟆帶回家，對父親說：「我找到一匹千里馬，只是馬蹄短了些。」父親一看，氣不打一處來，沒想到兒子竟如此愚蠢，悲傷的感嘆道：「所謂按圖索驥也。」

這個故事出自明朝楊慎的《藝林伐山》，也是成語「按圖索驥」的由來。這個寓言有兩層寓意，一是比喻按照某種線索去尋找事物，二是諷刺那些本本主義的人，機械的照老方法辦事，不知變通。

人在做事時，一定要講究變通，不能像孫陽的兒子一樣，這樣的人既不會把握機遇，更談不上成功。

摩斯年輕的時候想當一名藝術家，他從英國皇家藝術學院畢業後，信心十足的來到美國準備開始他的藝術生涯。然而由於他的畫趣向於歐洲風格，太專注於浪漫主題的表現，所以在講求實際的美國並不受歡迎。一次，美國國會要挑選四位藝術家進行一項重要的工作，摩斯以為自己能是其中一員，結果卻沒有他的名字。經過這次失敗，摩斯決心放棄藝術，開始追求另一種人生。

摩斯想起幾年前到歐洲旅行回來時，在船上和幾個朋友談到人們新發現的電磁現象，他決定以此為方向，研究「電」。在歷經無數次失敗後，摩斯終於發明了「電報」，為人類通訊作出了偉大貢獻。

從摩斯的經歷中我們可以悟出這樣一個道理：人生危機與轉機，往往只是一線之間。撞了南牆之後，只要願意靜下心來，重新找到自己奮鬥的方向，在心境轉變的同時，人生的成功機會就可能出現在身邊。

撞了南牆要回頭，不是往回走不幹了，而是回過頭去找新路。條條大路通羅馬，此路不通有它路，何必撞得頭破血流還要繼續撞？回頭還可以去借梯子，借到梯子就能爬過去，走通這條路。無論是回頭去找新路，還是回頭去找梯子，都是為了走通往前去的那條路。

生活中有不少聰明人沒走上成功之路的原因，就是犯了這種撞了南牆也不回頭的錯誤，就是沒有走出直線的盲點。所

以，如果你希望自己事業有成的話，那麼就請你學會變通，在撞了南牆之後要細細思量，如認定確實走不通，那就要及早回頭，尋找新的出路。

變通之術有很多種，除了回頭尋找之外，迂迴也是一種有效的方法。因為任何事物的發展都不是一條直線，聰明人能看到直中之曲和曲中之直，並不失時機的掌握事物迂迴發展的規律，透過迂迴應變，達到既定的目標。

順治元年（西元一六四四年），清王朝遷都北京以後，攝政王多爾袞便著手進行武力統一全國的戰略部署。

當時的軍事形勢是：農民軍李自成部和張獻忠部共有兵力四十餘萬；剛建立起來的南明弘光政權，彙集江淮以南各鎮兵力，也不下五十萬人，並雄踞長江天險；而清軍不過二十萬人。如果在遼闊的中原腹地同諸多對手作戰，清軍兵力明顯不足。況且遷都之初，人心不穩，弄不好會造成顧此失彼的局面。

多爾袞審時度勢，機智靈活的採取了以迂為直的策略，先懷柔南明政權，集中力量攻擊農民軍。南明當局果然放鬆了對清的警惕，不但不再抵抗清兵，反而派使臣攜帶大量金銀財物，到北京與清廷談判，向清求和。這樣一來，多爾袞在政治上、軍事上都取得了主動地位。順治元年七月，多爾袞對農民軍的進攻取得了很大進展，後方亦趨穩固。此時，多爾袞認為最後消滅明朝的時機已經到來，於是，發起了對南明的進攻。當清軍在南方的高壓政策和暴行受阻時，多爾袞又施以迂為直

之術，派明朝降將、漢人大學士洪承疇招撫江南。順治五年，多爾袞以他的謀略和氣魄，基本上完成了清朝在全國的統治。

　　繞圈的策略，十分講究迂迴的手段。特別是在與強勁的對手交鋒時，迂迴的手段高明、精到與否，往往是能否在較短的時間內由被動轉為主動的關鍵。

　　在做事時，有些問題從表面上看來，似乎是無法解決的，但若能變換一種角度，用新的思維習慣去看待，就會柳暗花明。這更是一種變通。

　　清朝末年，有一位和尚畫家雲遊到北京，被招進宮裡作畫。有一天，慈禧太后讓太監給他一張五尺長的宣紙，要他畫出九尺高的觀音菩薩的站立像。這簡直是作難人！臣子們心裡緊張極了，誰都認為這是一件根本辦不到的事。

　　和尚並不著急，他借研墨的工夫，冷靜思考，很快就有了主意。只見他揮毫潑墨，一揮而就。原來，他筆下的觀音菩薩並不是筆直站立的姿勢，而是彎腰在拾地上的柳枝。五尺長的紙，彎著腰的人，站立起來應該就是九尺了吧。慈禧看罷，點頭稱是。眾大臣也鬆了一口氣。和尚畫家的出色表現生動的體現出衝破習慣思維的兩個特點：

　　一是不畏困難，勇敢承當。人體要有九尺高，紙張只有五尺長，畫這畫的困難是明擺著的。這時候就要有拿不下它誓不甘休的決心，當你有了這種不畏困難，舍我其誰的毅力，你就會把自己的潛力充分挖掘出來，最大限度的找出解決問題的好

方法。

二是以曲求直，善於變通。和尚畫家明白，直著畫肯定不行，得變通。讓五尺長的紙張顯出九尺長的用途，條件就這麼一點點，要求卻那麼高，非智慧無以取勝，其他路子不必多想，那只會浪費時間，要想解決矛盾只能交給創造性思維。

總之，只有思想上勇於進取，善於變通，思維上才有銳氣，難題才能得到解決。

善於接受新事物

現在提倡創新，而創新需要具備一條很重要的條件，就是接受新事物的能力。如果一個人能善於接受新事物，就不會因循守舊，做起事來就不會拘泥於條條框框。但這樣的能力，往往是在平常生活中累積和培養的。

美國第十六任總統林肯（Abraham Lincoln）就是一位接受新事物能力很強的人。

一天，林肯到大街上散步，幾名便衣保安在不遠處保護著他。忽然，他看到在一家名為《智慧》的雜誌社門前圍了一群人，於是他也好奇的圍了上去。結果發現在華麗的牆上開了一個小洞，旁邊寫著：「不許往裡面看！」但好奇心驅使人們爭先恐後的往裡面看。林肯也順著小洞往裡面看，原來裡面是用霓虹燈組成的《智慧》雜誌廣告。

林肯感到這家雜誌廣告很有創意，就定了一份。果然，《智慧》不論內容、版面設計、版式裝飾，還是印刷品質，都是相當

出色，頗受林肯青睞。

　　一天，林肯處理完公事，拿起一份剛到的《智慧》雜誌閱讀，讀到一半時，發現中間有幾頁沒有裁開。林肯很是掃興，順手將雜誌放到一邊。晚上，林肯躺在床上忽然想起《智慧》雜誌辦得十分出色，它的管理是十分嚴格的。按常理是不會出現這樣的品質問題的。他由此聯想到雜誌社在牆上開小洞做廣告一事，難道這裡面也許會有什麼新花樣？

　　林肯翻身下床，找到雜誌，小心的用小刀裁開中間幾頁，發現中間一頁一段內容被紙糊住了。林肯當時想，被糊住的地方大概是印錯了。但印錯了什麼呢？好奇心驅使他又用小刀一點點撬起糊著的紙，最後發現了如下的幾行字：

　　恭喜您，您用您的好奇心和接受新事物的能力獲得了本刊一萬美元的獎金，請將雜誌退還本刊，我們將負責調換新雜誌並給您寄去獎金──《智慧》編輯部

　　林肯對編輯部這種利用讀者好奇心啟發讀者智慧的做法極其欣賞，便提筆寫了一封信。不久，林肯就收到了新調換的雜誌、獎金和編輯部的一封信：

　　總統先生，在我們這次故意印刷裝訂錯誤的三百本雜誌中，只有八個人從中獲得了獎金，絕大多數人則只是採取了將雜誌寄回要求重新調換的做法。看來，您的確是真正的智者。根據您來信的建議，我們決定將雜誌改名。

　　這本雜誌，就是至今風靡世界的《讀者》。

故意印刷裝訂錯的三百本雜誌把機遇擺在了三百個人面前，但絕大多數人熟視無睹，只有八個人抓住了機遇，還不到總數的百分之二點七。為什麼只有八個人在平凡中發現了非凡，獲得獎金？重要的原因就是好奇心和接受新事物的能力。請反思一下，當你遇到這樣的事情，會是什麼樣的結果？

許多老人埋怨兒女不願和自己說話，嗔怪兒女不孝順。而事實並非如此。有一位趙先生就這樣解釋：我媽媽一開口就是「過去、曾經、從前」老三套，這些陳年舊事我已經聽得出繭子了，可她還喋喋不休的說。有時實在沒耐心，只好以工作忙、接電話等種種藉口走開了。

一些老年人不愛接受新事物，一味沉浸在過去的故事中，以舊思想、舊行為生活，因此導致代溝越來越深，到了無法交流的地步。而那些與時俱進的老人，就格外受到歡迎。已故藝術家趙麗蓉，年輕時是評劇演員，到了晚年，在春晚的舞臺上，卻越來越紅，越來越受觀眾的歡迎。究其原因，就是趙麗蓉融入了這個時代。她在小品中唱流行歌曲、跳霹靂舞等等，儘管只是表演那麼幾下子，卻很快抓住了年輕觀眾的心，大家都覺得這老太太真新潮，善於學習，什麼都會，還有活力。這樣的老人，誰不喜歡？就在我們身邊，那些善於接受新事物、偶爾還說點網路語言的老人，都能和人們打成一片。

因此說，老年人要想融入這個時代，受到歡迎，必須改變自己，讓自己活在今天，而不是過去。實現這個願望並不難，

看看現在流行什麼、孩子們喜歡什麼。對於不能接受的新潮事物，也不能一棒子打死，要仔細想想人們為什麼會喜歡，新事物存在的合理性在哪裡。想明白了這些，老人就能理解，從而儘快與時尚、新潮接軌，與時代融合。讓自己成為「新新老人」，與人的距離就近了。

　　人們的心也常常難以經受生活的考驗，受幾次挫折就容易變得消極被動，所以人也要時時刷新自己。因為人最難面對的境界不是苦難，也不是厄運，而是自己的內心世界處於無知無覺的疲憊中，感動過你的一切不再感動你，吸引過你的一切不再吸引你，甚至讓你激怒的事情也不能再激怒你，連最起碼的情感表達都處於停滯狀態，你說這不可怕嗎？這時就需要刷新自己的人生，才能做好事情。人生如風景，熟知的或是太了解的，有時並不一定是優勢，它抑制了人的許多求新求異本能，在不斷的摩擦與接觸中，人們變得遲鈍和漠然，再好的風景也只是畫，失去了活力，而陌生的風景卻蘊含著新奇與刺激，蘊含著靈息與智慧，在刷新人生的過程中，那些不斷尋找新風景的人，會意外的撞上成功的機遇，會偶然發現新的道路，會必然見到別有洞天的景色。

第五章 用心多一點，注重細節成大事

—— 細節往往是成敗的關鍵

我們只有關注細節、掌握細節、演繹細節，才能掌握人生和命運。生活中我們不能漠視細節，因為細節孕育成功。在生活節奏日益加快，社會分工越來越細的今天，細節顯得更加重要。從某種意義上說，生活就是由一個個細節組成的，沒有細節就沒有生活。

細節是成敗的關鍵

　　老子說過：「天下難事，必做於易；天下大事，必做於細」，可見我們的古輩先人早已深諳把小事做細的道理。但是縱觀古今中外，胸懷大志者不乏其人，真能成就偉業者少之又少。

　　我始終相信，讓人疲憊不堪而又難以闊步遠行的不是橫亙在面前的高山峻嶺，而是掉進自己鞋子裡的一粒微不足道的沙子。在我們每個人成長的道路上，我們需要隨時倒出那粒沙子。生活中，能夠擊垮我們的，不是巨大的挑戰，而是一些小事，一些細枝末節。而正是這些微不足道的小事、小細節，卻無休止的消耗著我們的精力，阻礙了我們成功。

　　每個細節，串聯起來就成了習慣。正是這些細微的習慣構成了一個人的素養底蘊。習慣，決定了一個人的人生。因此我們說，細節的養成，決定了事業的成敗。小事成就大事，細節成就完美，習慣改變人生。

　　有家幼稚園招聘園長，在眾多的應聘者中只有一人順利過關，其原因也是因為一個細節 —— 大家在上樓的時候，只有她為站在那裡的一個小男孩擦了擦鼻涕。而這個被大家忽略的小男孩兒，乃是招聘者提前安排好的。因為幼教工作者理應是充滿愛心，理應真誠的愛孩子，而那位有幸被錄用的女士也正是透過主動為孩子擦鼻涕的細節體現了她神聖的愛心。

　　真是「成也細節，敗也細節」。

養成注重細節的好習慣

在過去的工作中，有沒有認認真真的做好過每一件小事？要知道，一個微小的細節也許就改變了你人生的命運。

王永慶是從細節中找到成功機會的人，也是注重掌握細節而成就自己輝煌事業的典型。

早年因貧困失學的王永慶，十六歲時靠僅有的兩百元在嘉義開了家米店，當時嘉義已有米店三十多家，競爭非常激烈。沒有任何優勢可言的王永慶在背米挨家挨戶的推銷過程中，從提高服務品質上找到了切入點。他發現其他米店都是將碾好的米直接出售，由於當時技術落後，米碾壓後多晾曬在馬路上，摻雜了不少的砂粒、石子，他在不提高價格的前提下，不怕麻煩將砂粒、石子去淨後再出售，這樣就減少了客戶淘米時的麻煩而備受客戶喜愛。同時，他又首推了送貨上門服務，並在送米時詳細記下每戶有幾口人，甚至每個人的飯量有多大，據此推算客戶下次買米的時間，而後提前一兩天，將相應數量的米送到客戶家中，並將舊米倒出，放在新米之上，以免日久過期。憑著對這些細節的掌握和細緻入微的服務，在嘉義的大米銷售產業中占據一席之地，並一躍成為最大的經銷商，為他後來的事業發展打下了基礎。

即便是在以後的木材經營和塑膠生產中，成為企業老整體王永慶，在檢查企業生產行銷過程中，一如既往的保持了對每個生產和管理環節的細緻了解與觀察，從點滴的小事中節能降

耗，提高員工工作效率，從而使他走向問鼎臺灣首富的輝煌事業。這就是注重掌握細節的成就，是水到渠成後的驚喜。

「種下一種思想，收獲一種行為；種下一種行為，收獲一種習慣；種下一種習慣，收獲一種性格；種下一種性格，收獲一種命運」。我認為這裡蘊含這樣一個道理，那就是養成良好的習慣可以改變你的生活，甚至可以改變你的命運。可以說好習慣是成功人士的共同之處，他們所以成功並不見得他比其他人聰明多少，但是好習慣讓他們變得更有教養，更有知識，更有能力；成功人士也不一定比普通人更有天賦，但好習慣都讓他們訓練有素，技術純熟，準備充分；成功人士不一定比那些不成功者更有決心，或更加努力，但好習慣都放大了他們的決心和努力，並讓他們更有效率，更具條理。

習慣的養成不是一朝一夕的事情，是一個人日常行為的累積與沉澱。習慣不可能根除，但可以改變，可以替轉，可以用習慣去改變習慣。男士中大多數人有過吸菸的經歷，但大多數人也許聽說過，一些好菸者在戒菸後轉為開始暴飲暴食，結果可能造成飲食過量，體重驟然攀升；或轉為以嗑瓜子、含糖塊等這種方式代替菸草。儘管菸民戒菸後頻繁出現暴飲暴食等現象的原因不太清楚，但是顯然，改掉某種壞習慣之後，必然會產生某種必須的填補空白。如果你有目的的選取了好習慣去取代壞習慣，那麼改掉壞習慣將變得容易許多。我就有這樣的經歷，我原來習慣晚上要躺在床上看著電視才能入睡，為了改掉

這個壞習慣，我決定用看書取代看電視，直到自己睡意襲來後自覺的合書入睡，結果很有效。有目的的選擇用新習慣來取代舊習慣，將極大的提高改掉壞習慣的可能性。

如果，有目的的培養和構建某種好習慣，將有助於我們認識到自己其實也在同時取代其他的習慣。例如，你希望每天早上起床後自己能先收拾床鋪，那麼，你一定意識到了你其實每天起床後所做的第一件事情是其他方面的。再比如說，你希望自己養成積極傾聽的習慣，那麼，你必然已經意識到，你以往沒有能積極的傾聽別人的習慣。而不善於傾聽可能意味著你的思維總是被自己要說的下一句話占據，而無法去思考他人正在說的話。如此一來，你必然會錯過別人試圖與你溝通的許多資訊，因為你總是在想你應該如何回答。導致你不善於積極傾聽的原因，也可能是你在與他人談話時，總是習慣性的把思緒轉到其他你必須完成的事情上了。

「海不擇細流，故能成其大，山不拒細壤，方能就其高」。所以說，在生活中，我們只有注重每個細節，才能養成我們良好的生活習慣，塑就我們高尚的道德情操；在工作中，我們只有重視每一個細節，腳踏實地的做好每件事，才能使自己得到不斷的鍛鍊和提高，使自己對工作的流程更熟悉，解決問題的辦法更多，經驗更豐富；在學習中，只有認真讀好每一本書，每一篇文章，認真解讀每個生字、難字，才能使我們的知識更淵博，見識更寬廣。

工夫要下在細節處

萬丈高樓平地起，工作上更需要我們從細處著眼，從小事做起。能否把小事做好，能不能從細節中發現問題。這是我們對待工作態度的表現。

只有掌握好了每個細小環節，才能將工作做到完美，也只有注重把握每個細小環節，養成科學嚴謹的工作態度，才能取得輝煌工作成果。

雜交水稻之父袁隆平七十七歲的時候，本該含飴弄孫、頤養天年，但他卻依然每天準時上班，準時下田。上午九點半到十點半，下午三點半到四點半，是他固定到試驗田的時間。他這樣描述自己的生活作息，「我不在家，就在試驗田；不在試驗田，就在去實驗田的路上」。正是有了他這種對待工作痴迷與認真的態度，才有了他在實驗最初的六年時間裡，與兩個學生一起先後用一千多個品種的常規水稻，與最初找到的雄性不育株及其後代進行三千多個測交和回交試驗後沒有成功而不氣餒；才有了他後來帶領全國各地一百多名科研人員，在短短一年時間裡用上千個品種與「野敗」進行上萬個回交轉育，而加速雜交水稻研究進程的偉大壯舉；才有了他從一九七六年至二〇〇六年大規模累計推廣雜交水稻五十六億多畝，增產五千二百多億公斤的巨大歷史性貢獻。

麥當勞從一家為過路司機提供餐飲的速食店，發展至今已擁有近三萬家連鎖店、數十萬員工，迅速成為全球速食業的龍

頭老大，其黃金雙拱門已經深入人心，成為人們最熟知的世界品牌之一。在談到麥當勞成功經驗的時候，其創始人雷·克洛克（Ray Kroc）說：連鎖店只有統一標準，而且持之以恆的堅持每一個細節都執行標準化，才能保證成功！

麥當勞自創立以來一直堅持執行標準化，它在全球締造的商業奇蹟表明，正是由於在經營管理中堅持了每一個細節執行標準化，麥當勞才有了今天的輝煌成就！

例如，麥當勞為了保證食品的衛生，制定了規範的員工洗手方法：將手洗淨並用水將肥皂洗滌乾淨後，撮取一小劑麥當勞特製的清潔消毒劑放在手心，雙手揉擦二十秒鐘，然後再用清水沖淨。兩手徹底清洗後，再用烘乾機烘乾雙手，不能用毛巾擦乾。諸如此類的細節管理貫穿著麥當勞經營管理的始終，這些不起眼的細節管理正是麥當勞迅速發展的祕密所在。

為了方便顧客外帶食品且避免在路上傾倒或溢出來，麥當勞會事先把準備賣給乘客的漢堡包和炸薯條裝進塑膠盒或紙袋，將塑膠刀、叉、勺、餐巾紙、吸管等用紙袋包好，隨同食物一起交給顧客。而且在飲料杯蓋上，也預先劃好十字口，以方便顧客插入吸管。這樣的細節執行能不讓顧客感動嗎？

麥當勞總裁佛瑞德·特納（Fred L. Turner）說：「我們的成功表明，我們競爭者的管理層對基層的介入未能堅持下去，他們缺乏的是對細節的深層關注。」

有人說，不缺少雄才大略的戰略家，缺少的是精益求精的

管理者；不缺少各類管理制度，缺少的是對規章條款不折不扣的執行！這句話值得我們反思！

芸芸眾生，能做大事的人實在不多，多數人在多數情況下只能做一些具體的事、瑣碎的事、單調的事，也許過於平淡，也許雞毛蒜皮，但這就是工作，是生活，是成就大事不可缺少的基礎。要想工作不流於一般的人，應在細節處下工夫，如果總嫌事小而放棄努力，總嫌事小而不認真做，很可能什麼大事也辦不好。

比如有時候，公司老闆或業務員要出差，便會安排員工去買車票，這看似很簡單的一件事，卻可以反映出不同的人對工作的不同態度及其工作的能力，也可以大概推測出今後工作的前途。

有這樣兩位祕書，一位將車票買來，就那麼一大把的交上去，雜亂無章，易丟失，不易查清時刻；另一位卻將車票裝進一個大信封，並且，在信封上寫明列車車次、號位及起程、到達時刻。後一位祕書是個細心人，雖然她只是注意了幾個細節處，只在信封上寫上幾個字，卻使人省事不少。

按照命令去買車票，這只是「一個平常人」的工作，但是一個會工作的人，一定會想到該怎麼做，要怎麼做，才會令人更滿意，更方便，這也就是用心注意細節的問題了。

某公司的記帳員因為帳目不清，就連續一個星期夜以繼日的查帳，但最後也沒有發現錯在哪裡。帳面上明明有一萬元

虧空，卻怎麼也查不出來。一遍又一遍的核對每一筆交易的收支情況，然後再核對加起來，直到最後快要把他逼瘋了，但還是查不出到底錯在哪裡。最後，把當班的營業負責人叫來，然後大家再次核對，這次沒有費多大工夫就找出了出錯的問題所在，營業負責人說：看，是錯在這兒。

但是怎麼把一萬元寫成了一萬五千元呢？經過仔細檢查才發現，是記帳員馬虎，不細心造成了大錯。雖然看起來是一件微不足道的事情，其中隱藏著巨大的發現。而天才與凡人的最大區別正是體現在這些處理微不足道的小事上。

世界上最難懂的一個道理就是：最偉大的生命往往是最細小的細胞點點滴滴集結而成的。絕大多數人很少能有機會遇到那種重大的轉折，很少有機會能夠開創宏偉的事業。而工作的溪流往往是由這些瑣碎的事情、無足輕重的小事以及那些過後不留痕跡的細微經歷漸漸彙集成的，也正是它們才構成了生命的全部內涵。

人們總是誤認為，偉人就是只做驚天動地的大事。而那些對自己的本性毫無認識的人，永遠成就不了任何大的功業。查爾斯·狄更斯（Charles John Huffam Dickens）在他的作品《一年到頭》中寫道：「有人曾經被問到這樣一個問題：「什麼是天才」？他回答說：「天才就是注意細節的人。」」

不難看出，要想事業有所成就，首先要學會在細節之處下工夫。

用心做事無大錯

如果你的工作沒有做好，原因很簡單，就是因為沒有用心。

用心是一種態度，更是一種境界。作為一種態度，它能使我們做好本職工作，出優質產品；作為一種思想境界，它能使我們用長遠的思考來規劃未來。

所謂用心做事，不僅是努力的去做事，而是用自己的真心、誠心、良心去做事。如果我們只是努力的去做事，而不用「心」去做事，那麼我們可能不能達到預想的結果，而偏離了方向。任何事情用心做和不用心做，結果是完全不一樣的。

用心要看用在何處。現在有三種現象的用心令人擔憂：

1. **心不在焉**：有些人一到單位立即打開電腦，有的上網聊天，有的忙於炒股，有的玩弄遊戲……身在心思不在，上班裝模作樣，工作馬馬虎虎，辦事得過且過。

2. **心態浮躁**：靜不下心來，總琢磨著如何顯山露水，熱衷於作秀，生怕社會埋沒自己，上司忘記自己，被名利沖昏了頭，連以前人們尊敬的學者、教授都會剽竊。

3. **心懷叵測**：在工作中，尤其是機關部門裡，一些人文憑很高，但人格很低。為了達到自己的晉升，患功利症、得勢力眼、打強心針、暗放冷槍。在上司面前低頭哈腰、唯命是從，甚至不擇手段。這些人一旦掌權十分可怕。

用心就要勤於思考。「知止而後有定，定而後能靜，靜而後能安，安而後能慮，慮而後能得。」當你靜下心來，以平靜的

心情和開放的心靈，用心思考時，你才會有所收獲。假如你每天都漫不經心，那麼每天也只是簡單的重複過去，而自己不會有任何發展。

用心就要改善細節，人人都有改善的能力，事事都有改善的餘地。你在自己的職位上，改善你的工作是你的責任所在，因為你是專家，你專門負責這份工作。

在環環相扣的工作過程中，一處似乎可有可無的細節，一件看起來微不足道的小事，或者一個毫不起眼的變化，往往可以決定工作的進展狀況，甚至改變你的職業前途。

「環大西洋」號海輪消失了，當巴西海順遠洋運輸公司派出的救援船到達出事地點時，二十一名船員不見了，海面上只有一個救生電臺有節奏的發著求救的摩氏碼。救援人員看著平靜的大海發呆，誰也想不明白在這個海況極好的地方到底發生了什麼，從而導致這條最先進的船沉沒。這時有人發現電臺下面綁著一個密封的瓶子，打開瓶子，裡面有一張紙條，二十一種筆跡，上面這樣寫著：

一水理查：三月二十一日，我在奧克蘭港私自買了一個檯燈，想給妻子寫信時照明用。

二副瑟曼：我看見理查拿著檯燈回船，說了句「這個檯燈底座輕，船晃時別讓它倒下來」，但沒有干涉。

三副帕蒂：三月二十一日下午，船離港，我發現救生筏施放器有問題，就將救生筏綁在架子上。

　　二水大衛斯：離港檢查時，發現水手區的閉門器損壞，用鐵絲將門綁牢。

　　二管輪安特耳：我檢查消防設施時，發現水手區的消火栓銹蝕，心想還有幾天就到碼頭了，到時候再換。

　　船長麥凱姆：起航時，工作繁忙，沒有看甲板部和輪機部的安全檢查報告。

　　機匠丹尼爾：三月二十三日上午，理查和蘇勒的房間消防探頭連續報警。我和瓦爾特進去後，未發現火苗，判定探頭誤報警，拆掉交給惠特曼，要求換新的。

　　大管輪惠特曼：我說正忙著，等一會兒拿給你們。

　　服務生斯科尼：三月二十三日十三點，到理查房間找他，他不在，坐了一會兒，隨手開了他的檯燈。

　　大副克姆普：三月二十三日十三點半，帶蘇勒和羅伯特進行安全巡視，沒有進理查和蘇勒的房間，說了句「你們的房間自己進去看看」。

　　一水蘇勒：我笑了笑，也沒有進房間，跟在克姆普後面。

　　一水羅伯特：我也沒有進房間，跟在蘇勒後面。

　　機電長科恩：三月二十三日十四點，我發現跳閘了，因為這是以前也出現過的現象，沒多想，就將閘合上，沒有查明原因。

　　大廚史若：我接馬辛電話時，開玩笑說：「我們在這裡能有什麼問題？你還不來幫我們做飯？」然後問烏蘇拉：「我們這裡

都安全吧？」

二廚烏蘇拉：我回答：「我也感覺空氣不好，但覺得我們這裡很安全。」就繼續做飯。

管事戴思蒙：十四點半，我召集所有不在工作的人到廚房幫忙做飯，晚上會餐。

醫生莫里斯：我沒有巡診。

最後是船長麥凱姆寫的話：十九點半發現火災時，理查和蘇勒房間已經燒穿，一切糟糕透了，我們沒有辦法控制火情，而且火越來越大，直到整條船上都是火。我們每個人都犯了一點錯誤，但釀成了船毀人亡的大錯。

一個大的悲劇，只因二十一個人在本職工作中對二十一個小「細節」的疏忽，沒有真正的用心去做。單純的看，二十一個人每人只錯了一點點，但卻造成了「萬劫不復」的嚴重後果。

由此可看出，對工作中的任何小事及細節，絕不能採取敷衍應付或輕視懈怠的態度，而是要用心去做，這樣才能從根本上防止和避免危害和損失的產生。用心做事無大錯。

人們都有這樣的思想：只想做大事，而不願意或者不屑於做小事，更不願用心去做事。因而，想做大事的人太多，而願意把小事用心做好的人太少。

日本獅王牙刷公司的員工加藤信三就是一個非常好的例子。

有一次，加藤信三為了趕去上班，刷牙時急急忙忙，沒想到牙齦出血。他為此非常惱火，上班的路上仍是非常氣憤。

　　回到公司，加藤信三為了把心思集中到工作上，便強迫自己把心頭的怒氣平息下去。他和幾個要好的夥伴提及此事，並相約一同設法解決刷牙容易傷及牙齦的問題。

　　他們想了很多解決刷牙造成牙齦出血的辦法，比如，刷牙前先用熱水把牙刷泡軟，多用些牙膏，把牙刷毛改為柔軟的狸毛，放慢刷牙速度等，但效果都不太理想。後來，他們進一步仔細檢查牙刷毛，在放大鏡底下，發現刷毛頂端並不是圓形的，而是四方形的。加藤信三想：「把它改成圓形的也許就行了！」於是他們著手改進牙刷。

　　經過實驗取得成效後，加藤信三正式向公司提出了改變牙刷毛形狀的建議，老闆看了以後，也覺得這是一個非常好的建議，欣然把全部牙刷毛的頂端改成了圓形。改進後的獅王牌牙刷在廣告媒介的作用下，銷路極好，銷量直線上升，最後占到了全國同類產品的百分之四十左右。加藤信三也由普通職員晉升為課長，十幾年後成為公司的董事長。

　　牙刷不好用，在我們看來都是司空見慣的小事，因此很少有人想辦法去解決這個問題，機遇也就從身邊溜走了。而加藤信三不僅發現了這個小問題，而且認真對待，用心鑽研，從而使自己和所在的公司都取得了成功。

　　透過加藤信三的故事我們反省一下自己，我們是不是對每一件事都用心在做？要知道，生活其實是由一些小得不能再小的事情構成的，一個不願用心做小事的人，是不可能成功的。

生活細節也重要

工作中彰顯細節的重要，生活中注重細節同樣可以成就偉大人生。

古人說：「修身、齊家、治國平天下」。我想這個順序是不能變的，只有在「獨善其身」後，才可能實現「兼濟天下」的理想。相信「一屋不掃」的陳蕃，縱有胸懷「當掃天下」的大志，也難成就「掃天下」的大事。只有樂於做小事，善於做小事人，腳踏實地，一步一個腳印的從小事小節做起的人，才能實現自己怕理想，成就自己光輝人生。

注重細節，其實就是一種生活作風。

一個生活極其邋遢的人，即使他在某方面取得優異的成績，也不一定受到人們喜愛與尊重。一個優秀的人一定是一個具有人格魅力的人，這種魅力並不是來自他的外表或學歷，而是靠他平時涵養的累積。注重生活細節是有修養的具體表現。

有這樣一個故事。一個人去應聘，面試的時候外面等了很多人，叫到誰，誰就去經理室，其他應試者都是直接推門而入，叫到這個人時，他在門口敲門問到：「我可以進來嗎？」經理說可以後，他才進去了。幾天後，這家公司通知他去上班。

過了一段時間，他和這位經理熟了，就問經理看中了他什麼優點。經理回答說：「說老實話，你哪一點都不比別人強，我看中你的是你進我房間的時候敲了門。敲門說明你很懂禮貌，而懂禮貌說明你有修養，有修養的人不能說在公司一定有大作

為，至少不會給公司惹麻煩。」

　　就這麼一個對生活細節的注重，促成了一個人的擇業成功。也許就是這麼一個機會，能讓這個人改變自己的命運，成就自己的事業。

　　一個人平時的一言一行都能折射和反映出他的道德風貌，不注重生活細節的人，往往會無意之中給別人造成意想不到的傷害。

　　相信我們大多數人都見到過這樣一些話「請不要亂倒垃圾」、「不可隨處小便」，這雖然聽起來像一句笑話，但說明有相當一部分人還是不太注重生活細節的，相信這也是對那些不注意生活細節的人提的醒。其實，我想也正是有了一部分人「小處過於隨便」，才有了「不可隨處小便」這樣的警示語言。所以我們要從小事情做起，從生活中的點滴做起，從自己的一言一行，一舉一動中規範自己，使自己得到鍛鍊和提高，從而樹立自己良好的生活作風和個人形象。

和「差不多」說再見

　　「大概」和「差不多」是對事情不負責的做法，是對工作的一種敷衍，它會帶來嚴重的後果。比如，醫生給病人用麻醉藥，只用大概和差不多的麻藥，你想後果是什麼？一是麻醉藥超量，可能造成病人死亡；二是麻醉藥量不夠，起不到麻醉效果，給病人造成不必要的痛苦與經濟上的損失。再比如，人造衛星的發射，只大概或差不多，能發射成功嗎？差一絲一毫，

就是十萬八千里。所以我們幹任何事都要做到位，要求精，要和「差不多」先生說再見。

「大概」和「差不多」主要表現在以下幾個方面：

一、差不多就算了，沒做到位也無所謂

這種人做事總是敷衍了事，只求過得去就行。其實這是不用心做事、不負責任的表面。張瑞敏常常向員工講這樣一句話：「說了不等於做了，做了不等於做對了，做對了不等於做到位了，今天做到位了不等於永遠做到位了。」的確，很多企業都提出了管理口號，制定了戰略目標，然而又有多少企業將這些口號目標「做到位」？這需要全體員工的努力，需要全員堅持把工作「做到位」才能實現。海爾「日清日畢，日清日高」的目標管理方法，其實就是對每個人工作到位的要求。

二、虎頭蛇尾，沒有一件事情能做完

做事時只有一個很好的開頭，卻沒有一個令人滿意的結尾，給人留一種有始無終、只有開始不管結果的印象。已布置的工作，如果沒有督促就不會有積極的回饋；年初制定的目標、計畫、任務完成得如何？哪些已經完成了？哪些還沒有完成？離目標還有多少距離？無法完成計畫的原因何在？統統沒有下文了。許多人之所以無法取得成功，不是因為他們能力不夠、熱情不足，而是缺乏一種堅持不懈的精神。他們做事時往往虎頭蛇尾、有始無終，做事的過程東拼西湊、草草了事。在這個世界上，沒有一個遇事遲疑不決、優柔寡斷的人能夠獲得真正的成功。

三、投機取巧，不願意付出相應努力

　　世界上絕頂聰明的人很少，絕對愚笨的人也不多，一般都具有正常的能力與智慧。但是，為什麼許多人都無法取得成功呢？一個最重要的原因在於他們習慣於投機取巧，不願意付出與成功相應的努力。他們希望到達輝煌的巔峰，卻不願意經過艱難的道路。投機取巧是一種普遍的社會心態。成功者的祕訣就在於他們能夠超越這種心態。同樣，在工作中投機取巧也許能讓你獲得一時的便利，但卻在心靈中埋下隱患，從長遠來看，是有百害而無一利的。

四、淺嘗輒止，凡事只做到最低標準

　　企圖掌握好幾十種職業技能，還不如精通其中的一兩種。什麼事情都知道些皮毛，還不如在某一方面懂得更多，理解得更透徹。因為現代化生產帶來的最重要的結果之一就是專業化。現代生活，沒有核心能力的公司將會逐漸倒閉；沒有核心能力的人，一輩子注定只能拿死薪水。

五、遇事拖延，在等待中完成工作

　　懶惰之人的一個重要特徵就是拖遝，將前天該完成的事情拖延敷衍到後天。生活中有許多重要的事情，不是沒有想到，而是沒有立刻去做。時過境遷漸漸的忘了。究其原因也許是忙，但更多的是懶惰。許多人面對一件事時不是想著馬上去做，而是想「等一下再做也不遲！」懶惰如同一種毒素，一旦注入我們的心靈，就會瘋狂的滋長，毀掉我們的人生。

六、應付了事，工作做得差不多就行

　　每個企業都可能存在這樣的員工：他們每天按時打卡，準時出現在辦公室，卻沒有及時完成工作；每天早出晚歸、忙忙碌碌，卻不願盡職盡責。對他們來說，工作只是一種應付：上班要應付、加班要應付、上司分派的工作要應付，順理成章的，工作檢查更要應付，甚至就連睡覺時也忙著要應付 —— 想著怎麼應付明天的工作。應付了事，是員工缺乏責任心的一種表現，它實際上是工作中的失職，是隱藏在我們通往成功道路上的一顆定時炸彈，一旦時機一到，就會轟然爆發，貽害無窮。

七、馬虎輕率，做事不能精益求精

　　許多人之所以失敗，往往是因為他們馬虎大意、魯莽輕率。一位偉人曾經說過：「輕率和疏忽所造成的禍患將超乎人們的想像。」排除掉一些偶發的重大事故與損失，存在於日常工作中的馬虎輕率，更是不勝枚舉。

八、偏離目標，沒做正確的事情

　　你如果想做事，你的首要任務就是：確保做正確的事情，其次才是督促自己把事情做正確。在工作中，找對方向是一種智慧，一種責任。因為在一定時期內，一個人，一個企業的目標是統一的，資源和能量是有限的，如果你的工作偏離了企業的目標，偏離了團隊的要求，你的工作對團隊沒有任何意義。

九、循規蹈矩，只知道服從上級的指令

對於很多人來說，他們總是太拘泥於表格填寫的正確性，而不管表格是否具有實用的目的。對他們而言，任何超出慣例的細微偏差，都是不能容許的。一個想成大事的人，不應是那種循規蹈矩、死板的人，他應該有敏銳的眼光和責任心，他會去任何地方，找任何人，打破任何界限，把工作又好又快的幹完。

十、眼高手低，不能扎扎實實的做事

記得曾有人說：「浮躁是人的致命傷。」一開始聽起來很不以為然，但靜下心來好好想一想，感覺頗有深意。浮躁使得企業前腳踩油門，後腳踩刹車，一哄而起，又一哄而散，產業震盪，落英繽紛。理論上最講中庸的國度，行動上卻最愛走極端。在這種環境中，有太多的人總是不屑一顧於小事和事情的細節，不願意扎扎實實做事，他們有偉大的理想，但又不願意踏踏實實去奮鬥。

做事要注意的細節

老子曾說：「天下難事，必做於易；天下大事，必做於細」。它精闢的指出了想成就一番事業，必須從簡單的事情做事起，從細微處入手，並且能夠把每一個細節都做好。

一、能力培養

只有從細節上嚴於律己，講究分寸的人才能真正把事情做

到位。任何細節，要做就做好，要麼就別做這件小事，一粒老鼠屎也能壞一鍋粥呢。

同是寫一篇報告，有人就能把它做得像模像樣，乾乾淨淨，整整齊齊，而有的人卻馬馬虎虎，該做的沒做，能做的也不做。就連報告中的表格也大小不一，非常難看。也許有人會辯解說形式不是問題，重要的是內容。但是如果連你能做的都不把它做好，那麼怎麼能說你確實努力去做這件事了呢？報告的品質既在內容也在形式，形式的差別就體現了人們做事的差別。

每當我們做一件事情的時候，就應該在心裡立下一個標準，下次做這件事或類似的事情的時候就以這種標準做，不有絲毫折扣。透過做普通的小事訓練自己的素養，就能使自己真正變得不同起來，做更複雜的事也會得心應手。

二、戒除浮躁

人做事的大忌就是浮躁。浮躁有幾種表現：第一，事情做到一半了，就覺得要大功告成了，開始飄飄然起來；第二，做事毛毛糙糙，巴不得立馬幹好，只講速度，不講品質；第三，處於一種煩躁狀態：覺得事情都沒什麼可做的，沒什麼意義，做不出什麼名堂出來，沒勁。

浮躁是通病，一般是由於出道的新手做事情還浮於表面，沒有深入認識至事情的複雜性，或做事的意義。所以建議，每天都讓自己成熟一些，做事少一些浮躁，多一份踏實。每天從

細節上認識工作的品質，認識人們之間的關係，浮躁之氣自然會少下來的。

三、勤於關注

曾國藩從五個方面來闡述勤：「大抵勤則難朽，逸則易壞，凡物皆然。勤之道有五：一曰身勤。險遠之路，身往驗之；艱苦之境，身親嘗之。二曰眼勤。遇一人，必詳細察看；接一人，必反覆審閱。三曰手勤。易棄之物，隨手收拾；易志得事，隨筆記載。四曰口勤。待同僚，則互相規勸；待下屬，則再三訓導。五曰心勤。精誠所至，金石亦開；苦思所積，鬼神亦通。五者皆到，無不盡之職矣。」

我們要從生活的各個方面來規範自己的行為，身、心、眼、口、手五個方面都努力去完善了，就做到關注細節了。

要細心觀察別人，教導下屬，勸導同事；對事，要親自體察，用心體會；對物，要仔細察看，弄得明明白白。

四、體現個性

個性是由細節體現出來的。一件普通的裙子加上一顆珍珠吊墜味道就不一樣了，簡歷的封面改成撲克牌的樣子就很吸引人……我們想把事情做得有個性化，就必須在細節上下工夫。

五、堅持微笑

飛機起飛前，一位乘客請求空姐給他倒一杯水吃藥。空姐很有禮貌的說：「先生，為了您的安全，請稍等片刻，等飛機進入平穩飛行後，我會立刻把水給您送過來，好嗎？」

　　十五分鐘後，飛機早已進入了平穩飛行狀態。突然，乘客服務鈴急促的響了起來，空姐猛然意識到：糟了，由於太忙，她忘記給那位乘客倒水了！當空姐來到客艙，看見按響服務鈴的果然是剛才那位乘客。她小心翼翼的把水送到那位乘客跟前，面帶微笑的說：「先生，實在對不起，由於我的疏忽，延誤了您吃藥的時間，我感到非常抱歉。」這位乘客抬起左手，指著手錶說道：「怎麼回事，有你這樣服務的嗎？」空姐手裡端著水，心裡感到很委屈，但是，無論她怎麼解釋，這位挑剔的乘客都不肯原諒她的疏忽。

　　接下來的飛行途中，為了補償自己的過失，每次去客艙給乘客服務時，空姐都會特意走到那位乘客面前，面帶微笑的詢問他是需要水，或者別的什麼幫助。然而，那位乘客餘怒未消，擺出一副不合作的樣子，並不理會空姐。

　　等到飛機安全降落，所有的乘客陸續離開後，空姐本以為這下完了，沒想到，等她打開留言本，卻驚奇的發現，那位乘客在本子上寫下的並不是投訴信，相反，這是一封熱情洋溢的表揚信。

　　是什麼使得這位挑剔的乘客最終放棄了投訴呢？在信中，空姐讀到這樣一句話：「在整個過程中，您表現出的真誠的歉意，特別是您的十二次微笑，深深打動了我，使我最終決定將投訴信寫成表揚信！你們的服務品質很高，下次如果有機會，我還將乘坐你們的這趟航班！」

　　這就是微笑的力量！

六、保持整潔

如果你是公司職員，一走進辦公室，抬眼便看到你的辦公桌上堆滿了信件、報告、備忘錄之類的東西，就很容易使人有混亂感。更糟的是，這種情形也會讓你自己覺得有堆積如山的工作要做，可又毫無頭緒，根本沒時間做完。面對大量的繁雜工作，你還未工作就會感到疲憊不堪。零亂的辦公桌無形中會加重你的工作任務，沖淡你的工作熱情。

一位成功學家說：「一個書桌上堆滿了檔案的人，若能把他的桌子清理一下，留下手邊待處理的一些工作，就會發現他的工作更容易些。這是提高工作效率和辦公室工作品質的第一步。」因此，要想高效率的完成工作任務，首先就必須保持辦公環境的整潔有序。

七、重視請假

不要隨便請假，藉口身體不好、家裡有事、孩子生病⋯⋯這樣既會讓老闆反感，而且還會影響工作進度，很有可能導致任務逾期不能完成。即使你認為工作效率較高，認為耽誤一兩天也不會影響工作進度，那也不能輕易請假，因為你身處的是一個合作的環境，你的缺席很可能會給其他同事造成不便，影響其他人的工作進度。所以不要隨便請假，即使生病，只要還能上班就不要請假，更不要因為逃避繁重的工作或無關緊要的小事情請假。在公司裡，有很多人一旦所負的責任較平時重，便會產生逃避心態。這可以理解但絕不被支持。更大的責任是提

升一個人工作能力的絕佳機會，抓住它，你的業績就會更上一
層樓。

八、杜絕私事

在辦公室裡做私事是不對的。一方面因為工作時間內，公
司的一切人力、物力資源，僅屬於公司所有，只有公司方可使
用。任何私事都不要在上班時間做，更不能私自使用公司的財
物。另一方面，就員工個人而言，利用上班時間處理個人私事
或閒聊，會分散注意力，降低工作效率，進而影響工作進度，
造成任務逾期不能完成。所以把辦公時間全部用在工作任務
上，是必要的，也是必須的。

第六章　信心足一點，心隨世界一齊飛

—— 自信和毅力是成功的關鍵

人生在世，不可能總是一帆風順的，總會遇到這樣或那樣意想不到的困難，我們只有擁有了自信，才會看到希望。奧里森·馬登 (Orison Marden) 說過這樣一段耐人尋味的話：「如果我們分析一下那些卓越人物的人格特質，就會看到他們有一個共同的特點：他們在開始做事前，總是充分相信自己的能力，排除一切艱難險阻，直到勝利！」

自信是成功的一半

　　自信可以從困境中把人解救出來，可以使人在黑暗中看到成功的光芒，可以賦予人奮鬥的動力。或許可以這麼說：「擁有自信，就擁有了成功的一半。」

　　同樣兩個努力工作的人，自信的人在工作時總會以一種更輕鬆的方式度過，當很好的完成了任務時，會認為這是因為自己有實力；當遇到實在無法完成的任務時，則認為也許因為任務本身實在太難了。而缺少自信的人則會把成功歸功於好的運氣。只是由於這小小的心理差異，雖然兩人花的時間、精力都差不多，但往往較為自信的那一方的收穫要大得多。

　　多少科學家，尤其是發明家，哪一位不是對攻克項目充滿信心呢？一次又一次的失敗只會一次又一次的激發他們的鬥志——他們認為：失敗越多，距離成功也就越近了。

　　自信對於一個人的成長很重要。自信是成功的基礎，自信心是我們寶貴的品格，我們常聽說「自信是成功的一半」其實就有這層意思。一個人只要有自信，那麼他就能成為他所希望成為的那種的人。因為有了自信心，你就會去努力爭取；如果有了自卑心理，你就會輕易放棄努力甚至不思進取。我記得看過一篇有關自信的故事，說的是這麼一件事：心理學家從一班大學生中挑出一個最愚笨、最不招人喜愛的女子，並要求她的同學們改變已往對她的看法。在一個風和日麗的日子裡，大家都爭先恐後的照顧這位女子，向她獻殷勤，陪送她回家，大家

以假作真的打心裡認定她是位漂亮聰慧的女子。結果怎樣呢？不到一年，這位女子果然變化很大，連她的舉止也同前判若兩人。她聰明的對人們說：她獲得了新生。確實，她並沒有變成另一個人──然而在她的身上卻展現出每一個人都蘊藏著的美，這種美只有在我們相信自己、周圍的所有人也都相信我們、愛護我們的時候才會展現出來。

這個故事告訴我們，自信心不是先天就有的，有時需要借助外力培養、鼓勵甚至愛護，而一旦在不知不覺中有了自信心，你就會把事情辦得很好，越這樣你就越會贏得尊重和敬愛，進而你就越有自信心。從另一角度講，要給別人以自信心，我們就得多些鼓勵少些指責、多些愛護少些恥笑。特別是對待孩子、兒童，更是如此。當別人做得好時，你說「你做得很好」、「很棒」，會給別人極大的鼓舞和自信。當別人要你做某件事時，你自信做得到時，會說「沒問題」、「我能辦到」等讓人放心的話。

當然，自信是建立在認知自我、知己知彼的基礎之上的，盲目自信或是過於自信也是不足取的。這就是為什麼說「自信還只是成功的一半」。因為自信是建立在真才實學的基礎上的。空有滿腹自信，那只能說得上是自以為是罷了。這種所謂的「自信」，不但不能推動人前進，反而害人不淺。

我們知道龜兔賽跑的寓言故事，其實這個故事告訴我們，自信是非常重要的。兔子則是過於自信，它以為自己肯定是賽

跑冠軍，烏龜賽奪冠是「小菜一碟」，冠軍非己莫屬，所以自己便倒頭大睡，可等它醒來時，烏龜卻已到了終點，它只能望龜興嘆，羞愧難當。而烏龜自知不是兔子的對手，但它卻「知己知彼」、不自卑，它的自信開始並不是想奪冠而是能到達終點，當然它也許知道兔子的心理 —— 麻痺大意，不把它放在眼裡，會睡覺或會去玩別的什麼，所以有一種必贏的信心，正是有了這種信心，才使它贏得了比賽。

那麼，「成功的另一半又是什麼呢？」我想來想去覺得是自強。人首先要志存高遠。「立志是事業的大門」，一個人有了遠大的志向，又相信自己的志向能成為現實，那麼他就能充分發揮自己的潛能，克服前進道路上的重重困難，即使屢戰屢敗，他仍會屢敗屢戰，最終取得成功，成為生活的強者。應當相信自己的潛能，戰勝自己的惰性，以飽滿的熱情、自信的姿態去做事。應當相信：「一分耕耘，一分收穫」。所有的付出都會有結果，所有的努力都會有收穫。每個人都能夠有兩分「毛遂」的堅定，三分「愛因斯坦」的毅力和五分「居禮夫人」心若止水的自信，去促成十分成功的你。

人生是船，自信是帆，自強為槳。沒有比腳更長的路，也沒有比人更高的山。

實現抱負離不了自信

翻閱古今中外，上下五千年的歷史，有哪一位流芳百世、功彪千秋的偉人的業績不是建立在遠大的抱負和堅毅意志的基

礎上的？這種人除了抱有遠大理想之外，還具有堅韌的特質和奮鬥精神。如果沒有遠大的抱負，范仲淹就不會提出「先天下之憂而憂，後天下之樂而樂」的政治主張；勾踐就不會在吳國臥薪嘗膽，最終也就不會出現「三千越甲可吞吳」的局面……這些人都因自己艱苦的奮鬥而實現了自己的遠大抱負。

多年前，一位貧苦的牧羊人領著兩個年幼的兒子以替別人放羊來維持生活。一天，他們趕著羊來到一個山坡。這時，一群大雁鳴叫著從他們的頭頂飛過，並很快消失在遠處。牧羊人的小兒子問父親：「大雁要往哪裡飛？」、「它們要去一個溫暖的地方，在那裡安家，度過寒冷的冬天。」牧羊人說。他的大兒子眨著眼睛羨慕的說：「要是我們也能像大雁一樣飛起來就好了。那我就要飛得比大雁還要高，去天堂，看媽媽是不是在那裡。」小兒子也對父親說：「做個會飛的大雁多好啊！那樣就不用放羊了，可以飛到自己想去的地方。」牧羊人沉默了一下，然後對兩個兒子說：「只要你們想，你們也能飛起來。」

兩個兒子試了試，沒有飛起來。他們用懷疑的眼神瞅著父親。牧羊人說，讓我飛給你們看，於是他飛了兩下，也沒飛起來。牧羊人肯定的說：「我是因為年紀大了才飛不起來，你們還小，只要不斷努力，就一定能飛起來，去想去的地方。」兒子們牢牢記住了父親的話，並一直不斷的努力，他們長大以後果然飛起來了。他們發明了飛機，他們就是美國的萊特兄弟。

一個人除了有遠大的志向和頑強拼搏的毅力還不夠，還應

具備良好的自信，要堅信自己一定能成功。

　　有這樣一個故事，說的是古希臘的一位大哲學家在臨終前有一個不小的遺憾 —— 他多年的得力助手，居然在半年多的時間裡沒能給他尋找到一個最優秀的閉門弟子。

　　事情是這樣的：這位哲人在風燭殘年之際，知道自己時日不多了，就想考驗和點化一下他的那位平時看來很不錯的助手。他把助手叫到床前說：「我的蠟所剩不多了，得找另一根蠟接著點下去，你明白我的意思嗎？」

　　「明白，」那位助手趕忙說，「您的思想光輝是得很好的傳承下去……」

　　「可是，」哲人慢悠悠的說，「我需要一位最優秀的承傳者，他不但要有相當的智慧，還必須有充分的信心和非凡的勇氣……這樣的人選直到目前我還未見到，你幫我尋找和挖掘一位好嗎？」

　　「好的，好的。」助手很溫順很尊重的說，「我一定竭盡全力的去尋找，以不辜負您的栽培和信任。」

　　哲人笑了笑，沒再說什麼。

　　那位忠誠而勤奮的助手，不辭辛勞的透過各種管道開始四處尋找。可他領來一位又一位，都被哲人婉言謝絕了。某一次，當那位助手再次無功而返的回到哲人病床前時，病入膏肓的哲人硬撐著坐起來，撫著那位助手的肩膀說：「真是辛苦你了，不過，你找來的那些人，其實還不如你……」

「我一定加倍努力，」助手言辭懇切的說，「找遍城鄉各地、找遍五湖四海，我也要把最優秀的人選挖掘出來，舉薦給您。」

哲人笑笑，不再說話。

半年之後，哲人眼看就要告別人世，最優秀的人選還是沒有眉目。助手非常慚愧，淚流滿面的坐在病床邊，語氣沉重的說：「我真對不起您，令您失望了！」

「失望的是我，對不起的卻是你自己。」哲人說到這裡，很失意的閉上了眼睛，停頓了許久，才又不無哀怨的說：「本來，最優秀的就是你自己，只是你不敢相信自己，才把自己給忽略、給耽誤、給丟失了……其實，每個人都是最優秀的，差別就在於如何認識自己、如何發掘和重用自己……」話沒說完，一代哲人就永遠離開了他曾經深切關注著的這個世界。

那位助手非常後悔，甚至後悔、自責了整個後半生。

為了不重蹈那位助手的覆轍，每個嚮往成功、不甘沉淪者，都應該牢記一位哲人說過的這樣一句至理名言：「每個人都有大於自身的力量。不是因為有些事情難以做到我們才失去自信，而是因為我們失去了自信，有些事情才顯得難以做到。」我們每個人就是一座金礦，關鍵是如何發掘自己。

勝敗源於自信

這裡有幾個故事，很能說明自信對於勝敗的重要作用。

一個是尼克森（Richard Milhous Nixon）敗於缺乏自信的故事。尼克森是我們極為熟悉的美國總統，但就是這樣一個大

人物，卻因為一個缺乏自信的錯誤而毀掉了自己的政治前程。

　　一九七二年，尼克森競選連任。由於他在第一任期內政績斐然，所以大多數政治評論家都預測尼克森將以絕對優勢獲得勝利。

　　然而，尼克森本人卻很不自信，他走不出過去幾次失敗的心理陰影，極度擔心再次出現失敗。在這種潛意識的驅使下，他鬼使神差的幹出了後悔終生的蠢事。他指派手下的人潛入競選對手總部所在的水門飯店，在對手的辦公室裡安裝了竊聽器。事發之後，他又多次阻止調查，推卸責任，在選舉勝利後不久便被迫辭職。本來穩操勝券的尼克森，因缺乏自信的竊聽行為而導致慘敗。

　　而同樣是美國前總統，羅斯福（Franklin Delano Roosevelt）就不一樣，當他還是參議員時，瀟灑英俊，才華橫溢，深受人們愛戴。有一天，羅斯福在加勒比海度假，游泳時突然感到腿部麻痺，動彈不得，幸虧旁邊的人發現和挽救，及時的避免了一場悲劇的發生。

　　經過醫生的診斷，羅斯福被證實患上了「腿部麻痺症」。醫生對他說：「你可能會喪失行走的能力。」

　　羅斯福並沒有被醫生的話嚇倒，反而笑呵呵的對醫生說：「我還要走路，而且我還要走進白宮。」

　　成功學的創始人拿破崙·希爾（Napoleon Hill）說：「自信，是人類運用和駕馭宇宙無窮大智的唯一管道，是所有「奇蹟」的

根基，是所有科學法則無法分析的玄妙神跡的發源地。」羅斯福即使在身體殘疾時，也總是對自己充滿自信，總是充分相信自己的能力，深信所做的事業必能成功，因此在他做事時，就能付出全部精力，排除一切艱難險阻直到勝利。

還有一個是小澤征爾勝於自信的故事。

小澤征爾是世界著名的交響樂指揮家。在一次世界優秀指揮家大賽的決賽中，他按照評委會給的樂譜指揮演奏，敏銳的發現了不和諧的聲音。起初，他以為是樂隊演奏出了錯誤，就停下來重新演奏，但還是不對。他覺得是樂譜有問題。這時，在場的作曲家和評委會的權威人士堅持說樂譜絕對沒有問題，是他錯了。

面對一大批音樂大師和權威人士，他思考再三，最後斬釘截鐵的大聲說：「不！一定是樂譜錯了！」話音剛落，評委席上的評委們立即站起來，報以熱烈的掌聲，祝賀他大賽奪魁。

原來，這是評委們精心設計的「圈套」，以此來檢驗指揮家在發現樂譜錯誤並遭到權威人士「否定」，的情況下，能否堅持自己的正確主張。前兩位參加決賽的指揮家雖然也發現了錯誤，但終因隨聲附和權威評委的意見而被淘汰。小澤征爾卻因充滿自信而摘取了世界指揮家大賽的桂冠。

尼克森敗於自信的故事、羅斯福深信自己的故事和小澤征爾勝於自信的故事，對於渴望成功做事的人來說，都會是很有啟示的。德國精神學專家林德曼用親身實驗證明了的這個道

理。林德曼認為，一個人只要對自己抱有信心，就能保持精神和肌體的健康。當時，德國舉國上下都關注著獨舟橫渡大西洋的悲壯冒險，已經有一百多名勇士相繼駕舟均遭失敗，無人生還。林德曼推斷，這些遇難者首先不是從肉體上敗下來的，主要是死於精神崩潰、恐慌與絕望。為了驗證自己的觀點，他不顧親友的反對，親自進行了實驗。一九〇〇年七月，林德曼獨自駕著一葉小舟駛進了波濤洶湧的大西洋，他在進行一項歷史上從未有過的心理學實驗，預備付出的代價是自己的生命。在航行中，林德曼博士遇到難以想像的困難，多次瀕臨死亡，他眼前甚至出現了幻覺，運動感覺也處於麻木狀態，有時真有絕望之感。但只要這個念頭一升起，他馬上就大聲自責：懦夫，你想重蹈覆轍，葬身此地嗎？不，我一定能成功！

終於，他勝利渡過了大西洋。

有一個雜技演員，他是某雜技團的臺柱子，憑藉一出驚險的高空走鋼絲而聲名遠揚。在離地五六米的鋼絲上，他手持一根中間黑、兩端藍白相間的長木杆作平衡，赤腳穩穩當當的走過十米長的鋼絲，從未有過絲毫閃失。

一次，長木杆折斷了。團裡非常重視，不惜高價找來了粗細相同、長短一致、重量也一樣的木杆。直到他覺得得心應手時，團長才請油漆匠給木杆刷上與以前那根木杆相同的藍白相間的顏色。

又是一次新的演出。在觀眾的陣陣掌聲中，他微笑著赤腳

踏上鋼絲。助手遞給他那根藍白相間的長木杆。他從左端開始默數，數到第十個藍塊，左手握住，又從右端默數第十個藍塊，右手握緊，這是他最適宜的手握距離。然而今天，他感到兩手間的距離比他以往的長度短了一些。他心裡猛的一驚，難道是有人將木杆截短了？不可能啊？他小心翼翼的把兩手分別向左右移動，一直到適宜的距離才停住。他看了看，兩手都偏離了藍塊的中間位置。他一下子對木杆產生了懷疑。剛走了幾步，他第一次沒了自信，手心有汗沁出。終於，在鋼絲中段做騰躍動作時，一個不留神，他從空中摔了下來，折斷了踝骨，表演被迫停止。

事後檢查，那根木杆長度並沒變，只是粗心的油漆匠將藍白色塊都增長了一毫米。很多時候，我們的自信都是受習慣思維的影響。木杆的長度沒有變，但自信的距離改變了。就是這一毫米長度的變化，影響了他的成敗。

許多不幸都是從看不起自己、不相信自己開始的。莎士比亞說得對：「自信是走向成功的第一步，缺乏自信即是其失敗的原因。」

毅力和自信同樣重要

毅力，就是恆心的表現。一個人如果只有自信而沒有毅力，也是不能成大器的。做事的毅力和自信同樣重要。

毅力是人的一種特質，學習需要有毅力，生活也需要有毅力，做事更需要有毅力。毅力是成功的基石。居禮夫人曾說：

「一個人沒有毅力，將一事無成。」說一套，做一套，永遠不可能取得成功，只有言行一致，朝著目標堅持不懈的去奮鬥、去追求，才能有收穫。

如果一個人想要做成事，不能單憑一時的熱情去做，必須先認識到自己的客觀條件，經過慎重思考後，才能做出抉擇，而不是盲目從眾。要有不達目的不甘休的決心和信念，靠堅韌的毅力前行。

毅力不能只靠嘴上說，它是沉默中一步步不斷的跨越、不斷的用行動戰勝困難的行為。簷上滴水之力微不足道，它卻能穿透石塊；愚公年老力衰，子孫勢力單薄，但他們敢於向巍峨的太行、王屋二山開戰，天帝被感動了，命山神將山背走了。像這樣的故事、例子在我們生活中有很多，這些例子表明：只要有堅韌的意志、毅力，就不怕任何艱難險阻。

古今中外，每一個成功者身上都閃耀著「毅力」的光輝。范仲淹從小喪父，靠「啖粥度日」。儘管這樣，他仍舊刻苦讀書，不放過任何一個學習機會，最終成為北宋著名的文學家。

那麼，我們要怎樣才能增強自己的毅力呢？

一是強化正確的動機。人們的行動都是受動機支配的，而動機的萌發則起源於需要的滿足。什麼也不需要或者說什麼也不追求的人，從來沒有。人，都是有各自的需要，也有各自的追求；只是由於人生觀的不同，不同的人總是把不同的追求作為自己最大的滿足。從奧斯特洛夫斯基和張海迪身上，我們可

以充分的看到，崇高的人生目的怎樣有力的激發出堅韌的毅力。

二是從小事做起，可以鍛鍊大毅力。李四光向來以工作堅韌、一絲不苟著稱，這與他年輕時就鍛鍊自己每步走八十公分這類的小事不無關係。道爾頓平生不畏困難，看來從他五十年天天觀察氣象而養成的韌性中得益匪淺。高爾基說：「哪怕是對自己的一點小小的克制，也會使人變得強而有力。」

生活一再昭示，人皆可以有毅力，人皆可以鍛鍊毅力，毅力與克服困難相伴。克服困難的過程，也就是培養、增強毅力的過程。毅力不很強的人，往往能克服小困難，而不能克服大困難；但是，經常克服小困難之小勝也能使人有克服大困難之毅力。今天，你或許挑不起一百斤的擔子，但你可以挑三十斤，這就行。只要你天天挑，月月練，總有一天，雖一百斤擔子壓在你肩上，你卻能健步如飛。

小事情很多，從哪些小事情做起，有的人好睡懶覺，那不妨來個睜眼就起；有的人「今日事，靠明天，」那就把「今日事，今日畢」作為座右銘；有的人碰到書就想打瞌睡，那就每天強迫自己讀一小時的書，不讀完就不睡覺，只要天天強迫自己坐在書本面前，習慣總會形成，毅力也就油然而生。人是需要從自己做起的，因為人有惰性。克服惰性需要毅力。

三是培養興趣能夠激發毅力。有人說興趣是毅力的門檻，這話是有道理的。法布林對昆蟲有特殊的愛好，他在樹下觀察昆蟲，可以一趴就是半天。諾貝爾獎獲得者丁肇中說，我經常

不分日夜的把自己關在實驗室裡，有人以為我很苦，其實這是我興趣所在，是我感到「其樂無窮」的事情，自然有毅力幹下去了。

當然人的興趣有直觀興趣和內在興趣之分，但兩者是可以轉換的。例如：有的人對學外文興趣索然，可他懂得，學好外文是社會的需要，對這個需要，他有興趣，因此他能強迫自己堅持學外文。在學的過程中，對外文的興趣也就能夠漸漸培養起來，這反過來又能進一步激發他堅持學外文的毅力。一個人一旦對某種事物、某項工作發生內在穩定的興趣，那麼，令人嚮往的毅力會不知不覺來到他身邊，也就成為十分自然的事情。

四是由易入難，既可增強信心，又能鍛鍊毅力。有些人很想把某件事情善始善終的幹完但往往因為事情的難度太大而難以為繼。對毅力不太強的人來說，在確定自己的奮鬥目標、選擇實現這一目標切入口時，一定要堅持從實際出發，由易入難的原則。徐特立同志學法文時，已年過半百，別人都說他學不成，他說，讓我試試看吧。他知道自己記性差了，工作又忙，所以，開始為自己規定的「指標」，只是每天記一兩個生詞。這個計畫起步不大，容易實現，看起來慢了一些，但能夠培養信心，幾個月下來，徐老不但如期完成計畫，而且培養了興趣，樹立了信心，又慢慢掌握了學法文的「竅門」，以後每天可以記三、四個生詞了。徐老的做法很有辯證法。要是一開始在沒有把握的情況下，就提出過高的指標，結果計畫很可能實現不

了，信心也必然銳減，縱使平時有些毅力的人，這時也可能打退堂鼓了。

放棄消極思維

我們都是普通人，有時消極是很正常的，但不能存有太多的消極思想，要善於放棄消極思維。

什麼是消極思維？一是缺乏耐心，事業做到了一多半，離成功只有一步之遙了，這時你卻因為某一點挫折而放棄；二是沒有信心，總認為自己比別人差，擔心自己做不好，從而白白喪失許多機會；三是過於自我滿足，不思進取，就像一個只顧存錢而不去賺錢的人，終究會有一天由於世道的變故而走上窮途末路。

漫漫人生路，波折和坎坷在所難免，跌倒、失敗，不該影響我們對未來成功的希冀和堅定。對於已經成為過去式的經歷，我們除了嘆息或悔恨外，則無力去改變。對於未來，誰敢肯定，它就一定會比你的過去更糟，它就一定是你失敗經歷的延續呢？

著名的球王比利（Edson Arantes do Nascimento）在回答記者關於哪一個進球是他最值得驕傲時，他平靜的說：「下一個。」是的，過去的成功，代表的只是過去，未來什麼都有可能發生。昨天的成功與失敗，都隨著「現在」這個分水嶺，被留在了生命的過往旅途中。未來，意味著無限可能。

放棄消極的思維吧，因為無論是輝煌的過去還是不忍回首

的昨天，都已經是逝去的過往，光榮不可重現，失敗不會持續，明天才是應該追求的。

跳出盲從的惡性循環

在做事的時候，由於分工和能力的不同，既要有像老闆那樣的人運籌帷幄，掌管大局，又要有像員工那樣的人身體力行，動手去幹。但是不管幹什麼，都要有自己的原則、自己的立場，不能夠一點主見和原則也沒有，更不能盲從。

盲從，說白了，其根源就是缺乏自信。

有這樣一個故事，街上有個人仰頭朝天，一些好奇的過路人以為他在看什麼東西，也紛紛學他仰頭朝天，接下來，越來越多的過路人聚攏過來，學先前的人仰頭朝天。這些人傻站了半天才得知，第一個人仰頭是因為流了鼻血。

《莊子‧秋水》記載，一個燕國人看到趙國人走路的姿勢優美，便跑到邯鄲去學趙國人走路，結果，他非但沒有學會，還忘了自己最初的步法。盲從使這個燕國人最終迷失了自我，爬回了燕國。其狼狽之狀貽笑千古。

有一種奇怪的蟲子，叫列隊毛毛蟲。顧名思義，這種毛毛蟲喜歡列成一個隊伍行走。最前面的一隻負責方向，後面的只管跟從。

生物學家法布林曾利用列隊毛毛蟲做過一個有趣的實驗：誘使領頭毛毛蟲圍繞一個大花盆繞圈，其他的毛毛蟲跟著領頭的毛毛蟲，在花盆邊沿首尾相連，形成一個圈。這樣，整個毛

毛蟲隊伍就無始無終，每個毛毛蟲都可以是隊伍的頭或尾。每個毛毛蟲都跟著它前面的毛毛蟲爬呀爬，周而復始。

幾天後，毛毛蟲們被餓暈了，從花盆邊沿掉了下來。

毛毛蟲的失誤在於失去了自己的判斷，盲目跟從，進入了一個迴圈的怪圈。這時，如果有一個毛毛蟲破除尾隨的習慣向其他方向爬行覓食，就可避免慘劇的發生。

數學家歐拉（Leonhard Paul Euler）為探求十二次方程的計算方法，夜以繼日的工作，結果算瞎了雙眼。數學家高斯則只用了一個小時就找到了這種計算方法。大家驚嘆不已，高斯告訴他們說：「一切都不用奇怪，要是我不改變計算方法，我的眼睛也會瞎的。」

大智慧者，善於學習和吸納別人的長處，棄糟取精，博採眾長，最終成就自己。而盲從於人者，只知人云亦云，照葫畫瓢，踏前人足跡行路而不敢差分毫。盲從只能有兩種結果，一是拾到別人一點牙惠，或可享受別人成功的餘蔭，而後一種是扼殺自己的創造性思維，讓自己失去分辨是非、判決對錯的能力，然後愚蠢的重蹈別人失敗的覆轍，重演別人失敗的悲劇。

做事的時候沒有自己的想法，只聽命於他人，別人怎麼說自己就怎麼做，如果別人說得對還好，假若別人說得不對，而自己又不動腦筋，走彎路、浪費時間不說，有時難免要犯錯誤。

有個小老闆想挖魚池養魚，有人建議坑底要鋪上一層磚，這樣既乾淨又會節省水；又有人建議說，不能鋪磚，鋪了磚魚就接觸不到泥土，對魚的生長不利；還有人說……於是，這位

小老闆開始犯難了，左也不是右也不是，不知該聽誰的好。其結果是，事情就此耽擱了下來，他最終放棄了計畫。

當然，上面只是個簡單形象的說明，工作中有許多事情要複雜得多，而且有些事情沒有猶豫的時間，這就更需要我們要有自己的思考方法。

既然別人的意見也不一定正確，為什麼不試試用自己的頭腦思考呢？

決定我們是否能克服重重困難在於做一個最好的自己！我們不應當丟掉自己身上最好的東西，去盲目的跟隨別人，把自己變成別人的影子。

道格拉斯・馬羅奇（Douglas Malloch）說過：「如果你不能成為山頂上的高松，那就當棵山谷裡的小樹吧，但要當棵溪邊最好的小樹。」這就是說，決定你是否能克服危機的不是你尺寸的大小，而在於做一個最好的你！你不應當丟掉自己的身上最好的東西，去盲目模仿別人，把自己變成別人的影子。

巴菲特（Warren Edward Buffett）在貝克夏・哈斯維公司一九八五年的年報中講了這樣一個故事：一個石油大亨正在向天堂走去，但聖・彼得（Saint Peter）對他說：「你有資格住進來，但為石油大亨們保留的大院已經滿員了，沒辦法把你擠去。」

這位大亨想了一會兒後，請求對大院裡的居住者說句話。這對聖・彼得來說似乎沒什麼壞處，於是，聖・彼得同意了大亨

的請求。這位大亨攏起嘴大聲喊道：「在地獄裡發現石油了！」大院的門很快就打開了，裡面的人蜂擁而出，向地獄奔去。

聖‧彼得非常驚訝，於是請這位大亨進入大院並要他自己照顧自己。大亨遲疑了一下說：「不，我認為我應跟著那些人，這個謠言中可能會有一些真實的東西。」說完，他也朝地獄飛奔而去。

一味盲目的從眾，可以扼殺一個人的積極性和創造力。能否減少盲從行為，運用自己的理性判斷是非並堅持自己的判斷，是成功者與失敗者的分水嶺。

第七章 人脈寬一點，巧借外力易 成功

—— 人脈是成功的基礎

一個人不管自恃有多大本事，個人的力量畢竟是有限的，但
是卻可以借用外力，使自己強大起來。贏得人脈的高手們在
社會上左右逢源，四通八達，對他們而言，沒有趟不過的
河、翻不過的山。自己解決不了的事找親戚，親戚解決不了
的找朋友，朋友幫不上的找上司。

朋友多了路就寬

　　做任何事情時，朋友越多，辦法越多。也就是說，人脈越寬，路子越寬，事情就越好辦。幾千年來，這已經被無數的經驗和教訓所驗證。一個優秀的人，往往能影響他自己身邊的人，能接受他們，使自己與他們之間的關係更好。所以說，好人脈是成大事最重要的因素，也是必備的條件。因為人脈越好，事情就越好辦。

　　朋友多了，機遇也多。什麼是機遇？曾經有不少人，常把那些令人羨慕的、又不太可能發生的、偏偏又真實發生的事情稱為「機遇」。其實，這種認識是十分錯誤的。比較直白的說，機遇就是遇到貴人相助，就是幸運的獲得了他人的較高評價，從而得以擔當更重要的職責。也就是我們平時說的：千里馬遇到了伯樂。

　　而機遇必須且只能是不斷努力經營人脈的結果。為了獲得機遇，我們除了增強自身的競爭能力，除了提高個人的專業技能外，還有重要的一項：就是擴展自己人脈，從而給自己創造更多的可能。

　　學歷、金錢、背景、機會……也許這一切你現在還沒有，但是你可以打造一把叩開成功之門的金鑰匙 —— 人脈。這是一個人脈的年代，誰都不可能成為魯賓遜那樣的孤膽英雄，而應該是站在巨人肩膀上的英雄，成就這一切的，就是人脈。

　　你是否注意到你身邊現有的機遇呢？其實，你的人脈就是

你的機遇。

　　學會把握機遇，這是為人處世的一大重要學問。要知道，機遇不是隨處可見的。機遇很寶貴，你應該像珍惜你的生命一樣去珍惜它，因為它來之不易而且稍縱即逝；機遇很富饒，你應該像開發你人生價值一樣去開發它，因為它創造機緣而且前程似錦。

　　不過，機遇的出現是難以捉摸的。善於抓住機遇的人，處處是機遇；輕視機遇的人，即使良機來敲門，也會錯過。所以，面對機遇，我們要主動創造機遇、尋找機遇，千萬別錯過機遇，讓自己後悔一生。

　　俗話說：一個人要想成功，「天時、地利、人和」必須具備。「天時」、「地利」這些非人為的因素我們不好去把握，但「人和」，只要我們能保持與人進行良好的溝通，這種機緣隨時可以光顧你！

　　由此可知，只要你人脈好，說不定機遇自動來敲你的門，古往今來都有這種情況。所以人脈對於給一個人帶來的機遇關係很大。

事在人為要主動

　　聽電臺的點歌節目時，經常聽到有人說：「我想把這首歌送給所有認識我和我認識的朋友」。不知道人們在做著這樣的表白前，是否真的盤算過：這個世界上「認識我和我認識的朋友」一共有多少？

顯然，每個人的答案是不同的，一個善於交際、廣交朋友的人和一個封閉自己、獨善其身的人，朋友的數量會相差甚遠。雖然人人皆知「在家靠父母，出門靠朋友」，可是又有多少人會真的將它作為理財創富的管道而去主動交往？

歷史上有許多成功人物，可謂「靠朋友致富」，他們將朋友的作用發揮到了極致，不僅極善處理人際關係，並把它成功的開發成產業，又能很科學的加以管理，從而讓個人的財富以超乎常規的速度來發展。當你閱讀著他們的故事，感慨他們擁有的龐大人脈網路，感受他們經營人脈資源的那份用心，羨慕人脈為他們的人生昇華創造著一次又一次的機會，或許你會領悟到，豐富的人脈資源不僅帶來的是珍貴的精神財富，更能直接幫助人們開啟財富之門。

所以說，主動交友對於人的一生是非常重要。

主動交友包括主動向人打招呼、主動和人交談、主動幫助有困難的人等。

社會上有很多人不重視打招呼，覺得天天見面的同事用不著每次看見都打招呼；而對於不太熟悉的人，又覺得打招呼怕對方認不出自己來會造成尷尬；還有些人不願意先向別人打招呼，他們老是在心裡想：「我為什麼要先向他打招呼？」其實，我們完全可以透過打招呼讓自己更加吸引人。

主動打招呼所傳遞的資訊是：「我眼裡有你。」誰不喜歡自己被別人尊重和注意呢？如果你主動和單位的人打招呼持續一

個月,你在單位的人氣可能會迅速上升。

見了老闆主動打招呼,說明你心中敬重老闆;見了同事主動打招呼,說明你眼裡有同事;見了下屬主動打招呼,說明你體恤下屬。永遠記住,你眼裡有別人,別人才會心中有你。

有人認為,主動跟別人打招呼代表比別人低下,其實這是十分錯誤的觀念,恰好相反,主動打招呼說明你有寬廣的胸懷和積極的人生態度。民間有句俗話:「大官好見,小鬼難纏。」大官隨和易見,主動跟下屬打招呼,是其自信的表現;小官故意端架子,正是他生怕別人不承認他的權威,這也恰恰顯示出他的不自信。

當代最偉大的籃球巨星麥可・喬丹(Michael Jeffrey Jordan)說過一句話:「我不相信被動會有收獲,凡事一定要主動出擊。」可是,有百分之八十五以上的人都是被動的,如果你能採取主動,你就可能掌握整個局面。所有的經驗都會告訴大家:「要不斷的主動進攻。」因為只有進攻,才會有成功的機會,如果你整天躲在家裡不出門的話,你的機會一定會比別人減少了許多。

當我們碰到失意的人,可以給他一些知識上的啟發,讓他儘快走出困境;當我們看到一個頗有成就的人,可以向他討教成功的經驗。

所有的人都需要別人的說明,然而,許多人不想幫助別人,也從不喜歡主動去幫助別人。可是,成功的人都把幫助別

人當作一種習慣，他們樂於幫助別人，也善於幫助別人，並把經常幫助別人作為生活中的樂趣，一旦他有需求的時候，別人會主動來幫助他。

當大雁會相互守望，大象能夠彼此相助，連螞蟻都知道救援自己的同伴時，我們人類豈能不彼此關懷？

所以，當你發現身邊有人因犯錯而墮落了，有同事因業績不突出被解僱了，甚至有人因為不懂人際相處，而孤獨的走向沒落的邊緣。不要以為那是他的事，而要覺得那也是你自己的悲劇。想想，為什麼當他不知道該怎樣走向你的時候，你沒有主動的走向他？

要把幫助別人當作一種習慣，樂於幫助別人，只有這樣，一旦你有需要幫助的時候，別人就會主動來幫助你。當然，你說明別人的目的，並不是要求得到回報，而是你有能力為他人、為社會多付出、多貢獻一點。有了這樣的心態，你的朋友何愁不多，人脈何愁不廣，事業何愁不成功！

「冷廟燒香」見智慧

想成功做事，也要學會在「冷廟中燒香」，不要只挑香火旺盛的「熱廟」進香。因為熱廟中燒香人太多，神仙的注意力分散，你去燒香，也不過是眾香客之一，顯不出你的誠意，神對你也不會有特別的好感。所以一旦有事求它，它對你只以眾人相待，不會特別照顧。

但冷廟的菩薩就不是這樣，平時門庭冷落，無人禮敬，你

卻很虔誠的去燒香，神對你當然會特別在意。同樣燒一炷香，冷廟的神卻認為這是天大的人情，如日後有事去求它，它自然特別照應。如果有一天冷廟成了熱廟，神對你還是會特別看待，不把你當成趨炎附勢之輩。

其實不只是廟有冷熱之分，人也同樣如此。一個人是否能發達，要靠機遇。你的朋友當中，有沒有懷才不遇的人？如果有，這個朋友就是冷廟。你應該與熱廟一樣看待，時常去燒香，逢到佳節，送些禮品。又因為他是窮人，當然不會履行禮尚往來的習慣，並非他不知道還禮，而是無力還禮。不過他雖不曾還禮，但心中卻絕不會忘記未還的禮，這是他欠的人情債，人情債越欠越多，他想還的心越切。所以日後他否極泰來，他第一要還的人情債當然是你。他有清償的能力時，即使你不去請求，他也會自動還你。這時候你有求於他，就是輕而易舉的事情了。

而要想真正做到冷廟燒香，關鍵是平時多給人提供幫助。這對搞好人際關係很有幫助，有時甚至是一本萬利的事情。

我認為現在人際交往中，有下面幾種「冷廟」值得去上上香：

一、小人脈

什麼叫「小人脈」？舉個例子，若添點文具，就去拜訪一位做行政的朋友。她拉開抽屜，拿出一大本名片，分門別類告訴我：如果急用，可以找供應商老張，他送貨上門；如果希望價

錢最低，自己可以跑去七浦路某某攤拉找小陳；總之不要去超市，比較下來那裡價錢最貴。所以，小至送水、送複印紙的供應商，你都可以轉化成自己的資源，以備不時之需。

這種「小人脈」，多半不必費心維護，只需花心思建立清晰的名片夾或資料庫便可。

在清朝萬曆年間，京城裡有一家銀樓生意十分紅火。掌櫃岳廣才是一個好交朋友的人，每當有人求助他時，凡是他能辦到的都盡力幫忙。因此，上至達官貴人，下至三教九流，岳廣才結交了不少朋友。在岳廣才的朋友中有一個人叫蔣玉平，是一個唱花旦的戲子。岳廣才的夫人見丈夫和蔣玉平來往非常密切，就勸諫丈夫和這個人少些來往，因為那個朝代戲子的社會地位極低，夫人怕丈夫和這樣的人來往影響了名聲。岳廣才卻反駁說：「蔣玉平雖為戲子，但為人仗義直爽，這樣的人不可不交。」於是繼續和蔣玉平來往。

幾年之後，岳廣才的銀樓遭遇了一場不幸 —— 衙門在他的店裡搜出了一個皇宮裡丟失的寶物。當時岳廣才並不知道這個寶物是皇宮所丟失的，只當是普通的玉器收買過來的，誰知因此惹了大禍。不久岳廣才被抓到了大牢裡。

岳廣才的夫人眼看丈夫遭到這樣的變故，心中十分愁苦，但後來想到丈夫平日裡那麼多朋友，應該有人能幫上忙，於是一一向他的朋友們求助。可是大家都覺得這個案子牽涉到皇宮，一定很嚴重，所以都不敢插手幫忙。夫人無奈之中突然想

起丈夫的好朋友蔣玉平，這個人雖不在自己眼裡，問問他或許能獻一策。誰知蔣玉平得知這事後一口應承下來，要夫人放心，他一定盡自己所能為朋友開脫。

蔣玉平雖為戲子，卻認識不少達官顯貴和江湖義士，他經過幾番周折，終於協助官府把一個慣於偷盜皇宮內院的盜賊緝拿歸案，岳廣才和相關人等也終於被平安釋放了。

在岳廣才患難之時，他的許多顯赫朋友幫不上忙，而一個卑微的戲子卻救了他的命，這件事本身透出了人世的炎涼，同時也告訴我們：「大人脈」不一定非是我們所認為的大人物，有時候一個平凡的小人物或者被人認為的「多餘人脈」，在關鍵時刻常常能扭轉我們的命運。

二、暫時不如自己的人

據史書載，漢高祖劉邦曾派大將韓信、張耳率一萬餘新招募的漢軍越過太行山，向東挺進，攻打項羽的附屬國趙國。趙軍統帥成安君陳餘集中二十萬兵力於太行山區的井陘口（今河北井陘東），占據有利地形，準備與韓信決戰。李左車認為，漢軍千里匱糧，士卒飢疲，且井陘穀窄溝長，車馬不能並行，宜守不宜攻。只要嚴守，就可以萬無一失。於是，他向趙國主帥陳餘陳述其利害，並自請帶兵三萬，從間道出其後，斷絕漢軍糧草。陳餘不以為然，不嚴守井陘，堅決主戰。

韓信迅速挑選二千輕騎，半夜從小路迂迴到趙軍大營側翼，隱伏待擊。次日清晨，韓信和張耳率主力出井陘口，並在

綿河東岸擺下「背水陣」，引誘趙軍出擊。果然，趙軍傾巢而出，追擊漢軍。漢軍伏兵乘虛搶占了趙軍營寨。趙軍見此大亂。漢軍乘勢前後夾擊，大敗趙軍。韓信斬陳餘，擒趙王，滅亡了趙國。

趙亡後，韓信懸賞千金捉拿李左車。不久，即有人將李左車綁送到韓信帳前。韓信立刻為他鬆綁，讓他面朝東而坐，以師禮相待，並向他請教攻滅齊、燕方略。李左車為人很有謀略，現作了俘虜，再三推諉。經韓信再三請求，便答道：「智者千慮，必有一失，愚者千慮，必有一得。」接著又說道：「目前不宜攻燕、齊。應撫恤百姓，犒勞將士，同時以優勢兵力向燕國進發，以造聲勢，迫使燕國順從。一旦燕王順從，齊國就會聞風而服。這就是兵書上說的先虛後實之法。」韓信採納了建議，不久就取得了燕、齊的國土。

從這個故事中，我們也可以悟出，如果你自己成功了，要記得善待那些還沒有成功的朋友，如果你有某方面的才能，也要善待那些缺乏這些才能的朋友，因為，他們雖然這些不如你，在其他方面很可能勝過你，今天不如你，說不定以後會超過你。

三、有過錯的人

在歷史上有這樣一則故事：說晉靈公生性殘暴，時常藉故殺人。一天，廚師送上來熊掌燉得不透，他就殘忍的當場把廚師處死。正好，屍體被趙盾、士季兩位正直的大臣看見。他們

了解情況後，非常氣憤，決定進宮去勸諫晉靈公。士季先去朝見，晉靈公從他的神色中看出是為自己殺廚師這件事而來的，便假裝沒有看見他。直到士季往前走了三次，來到屋簷下，晉靈公才瞟了他一眼，輕描淡寫的說：「我已經知道自己所犯的錯誤了，今後一定改正。」士季聽他這樣說，也就用溫和的態度道：「誰沒有過錯呢？有了過錯能改正，那就最好了。如果您能接受大臣正確的勸諫，就是一個好的國君。」

這個小故事對我們很有啟迪，尤其是對待犯錯的朋友，我們要伸出真誠的援助之手，才能走進他們的心靈，勸慰或挽救他們。生命就像是一種回音，你送出什麼它就送回什麼，你播種什麼就收獲什麼，你給予什麼就得到什麼。只要你付出了，就會有收獲。

其實，「冷廟燒香」並不是很難辦的事情，有時僅僅需要隨時體察一下別人的需要即可，這是最簡單不過的事情了。時刻關心身邊的人，幫他們一個忙。日後，你就很容易得到他們的幫助。

你還需要做的就是趁自己有能力時，多結交一些潦倒英雄，使之能為己所用，這樣會大大增加請求別人幫助時成功的幾率。

不過，對朋友的投資，最忌諱急功近利，因為這樣就成了一種買賣。如果對方是有骨氣之人，更會不高興，即使勉強接受，也會不以為然。

　　平時不屑往冷廟上香，臨到頭再來抱佛腳也來不及了，一般人總以為冷廟的菩薩不靈，所以才成為冷廟。其實英雄落難，壯士潦倒，都是常見的事。只要一朝交泰，風雲際會，仍是會一飛沖天、一鳴驚人的。

　　從現在起，多注意一下你周圍的朋友，若有值得上香的冷廟，千萬別錯過了才好。

借梯辦事巧成功

　　有人說，善用人脈的人，就像練就了武林上乘的「吸星大法」，能夠將他人的功力化為己用。對於這樣的人，沒有趟不過的河、跨不過的坎。就是平時有些事需要請人幫襯，他們也都很注意禮貌用語，既講究分寸，巧妙的提出了自己的要求，又維護了對方的面子，照顧人家的意願，讓對方在不經意中向你敞開心扉。

　　下面透過一些實例，教你一些具體用法。

一、間接請求

　　透過間接的表達方式（例如，使用能願動詞、疑問句等），以商量的口氣把有關請求提出來，講得比較婉轉一些，令人比較容易接受。

　　「你能否儘快替我把這事辦一下？」（比較：趕快給我把這事辦一下！）

　　透過比較，我們不難看出，間接的表達方式要比直接的表達方式禮貌得多，因而更容易得到對方的幫助或認可。

二、借機請求

借助插入語、附加問句、程序副詞、狀語從句及有關的句型等,來減輕話語的壓力,避免唐突,充分維護對方的面子。

「不知你可不可以把這封信帶給他?」(比較:把這封信帶給他!)

我們可以發現,語言中有很多緩衝詞語,只要使用得當,就會大大緩和說話的語氣。

三、激將請求

透過流露不太相信能成功的想法,把請求、建議表達出來,給對方和自己留下充分考慮的餘地。

「這事你可能不太願意去,不過我還是想麻煩你去一趟」。

你請別人幫忙或者向別人提小建議時,如果在話語中表示人家如果不具備有關條件或意願時,就不應強人所難,自己也顯得很有分寸。

四、縮小請求

盡量把自己的要求說得很小,以便對方順利接受,滿足自己的願望和要求。

「你幫我解決到這一步已使我感激不盡了,其餘的我將自己想辦法解決。」

我們確實經常發現,人們在提出某些請求時,往往會把大事說小,這並不是有意掩蓋辦事的難度,而是從內心想適當減輕給別人帶來的心理壓力,這樣既提出了請求,使自己便於啟

齒，同時也表示了自己並沒有將難辦的壓力都推到對方身上。

五、謙恭請求

透過抬高對方、貶低自己的方法，把有關請求表達出來，顯得彬彬有禮、十分恭敬。

「您老德高望重，就不要推辭了，弟子們都在恭候呢！」

請求別人幫助，最傳統有效的做法是盡量表示虔敬，使人感到備受尊重，樂於從命。

六、自責請求

首先講明自己知道不該提出某個請求，然後說明為實情所迫不得不講出來，令人感到實出無奈。

「真不該在這個時候打擾您，但是實在沒有辦法，只好麻煩您了。」

人際交往中，要知道在有的時候、有些場合打擾別人是不適合的、不禮貌的，但這時又不得不麻煩人家，這就應該表示知道不妥，求得人家諒解，以免顯得冒失。

七、體諒請求

首先說明自己了解並體諒對方的心情，再把自己的要求或想法表達出來。

「我知道這臺印表機你們也在用，不過我們的那臺壞了，列印任務又緊，實在沒辦法，只好向你們借用兩天，用完立即歸還。」

求人的重要原則是充分體諒別人，這不僅要在行動中體現

出來，而且要在言語中表現出來。

八、遲疑請求

　　首先講明自己本不願打擾對方，然後再把有關要求等講出來，以緩和講話語氣。

　　「這件事我實在不想多提，但形勢所迫，不得不求助於您了。」

　　在求助中，如果在話語中表示自己本不願意說，這樣就會顯得自己比較有涵養。

九、述因請求

　　在提出請求時把具體原因講出來，使對方感到很有道理，應給予幫助。

　　「隔行如隔山，我一點兒也不知道人家那邊的規矩。你是內行，就請你替我出出主意吧！」

　　在提出請求時，如果把有關理由講清楚，就會顯得合乎情理，令人欣然接受。

十、乞諒請求

　　首先表示請求對方諒解，然後再把自己的願望或請求等表達出來，以免過於唐突。

　　「恕我冒昧，這次又來麻煩你了。」

　　請求別人原諒，這是透過禮貌用語進行交際的最有效方法，人們常常使用這種方式來進行交流，顯得比較友好、和諧。

　　另外，激將法也是借梯辦事的一種好方法。

俗話說「請將不如激將」，巧言激將，一定要根據不同的交談物件，採用不同的激將方法，才能收到滿意效果。

三國時，諸葛亮為了抗曹來到江東，他知道孫權是不甘居人之下的人，於是，大談曹軍兵多勢大，說：「曹軍騎兵、步兵、水兵加在一起有一百多萬呐！」

孫權大吃一驚，追問：「這裡有詐嗎？」

諸葛亮一筆一筆算，最後，算出曹軍有一百五十多萬。他說：「我只講一百萬兵將，是怕嚇倒了江東的人呀！」這句話的刺激性可謂不小，使孫權急忙問道：「那我是戰，還是不戰？」

諸葛亮見火候已到，說：「如果東吳人力、物力能與曹操抗衡，那就戰；如果您認為敵不過，那就降。」

孫權不服，反問：「像您這樣說，那劉豫州為什麼不降呢？」

此話正中諸葛亮下懷，他進一步使用激將法說：「田橫不過是齊國一個壯士罷了，尚且能堅守氣節，何況我們劉豫州是皇室後人，蓋世英才，怎麼能甘心投降，任人擺布呢？」

孫權的火立刻被激了起來，決心與曹軍決一死戰。

總之，使用激將法的好處很多，它只是運用了自己的一點口舌，既達到了辦事目的，又不使自己損失什麼，我們何不多學一點呢？

投桃報李做人情

「他」送給我桃，「我」以李子回贈，這就是人情來往，表現

了人與人之間一種感恩和回報，體現了你與我之間蘊涵的人文關懷和人道和諧。言間賦予的意義並不僅在「桃」或「李」，也在於「投」和「報」，贈予物本身固然有一定的意義，贈予物形外的價值更是不可比擬。所以這世上才有「人情難還」之說。

人情不僅要做，而且要多做、要先做，這樣才能獲得好人脈。只有先學會給予，才能收獲回報，這是古人「投桃報李」的故事給我們的啟示。也就是說，投桃報李先要投，你如果連一個桃子也不願給他人，卻企望別人給你一筐李子，世上又怎麼能老有這樣的好事呢？

在英國的蘇格蘭，有一位貧苦農夫叫弗萊明，他心地善良，樂於助人。有一次他在田裡耕作時，忽然聽到附近的泥沼地帶有人發出呼救的哭泣聲，他當即放下手中的農具，迅速的跑到泥沼地邊，發現有一個男孩掉進了糞池裡，他急忙將這個男孩救起來，使他脫離了生命危險。

兩天以後，一位高雅的紳士駕著一輛華麗的馬車來到了弗萊明所住的農舍，彬彬有禮的自我介紹說，他就是被救男孩的父親，特此前來道謝。這位紳士表示要以優厚的財禮予以報答，農夫卻堅持不接受，他一再申明：「我不能因救了你的小孩而接受報酬」。正在互相推讓之際，一個英俊少年突然從外面走進屋來，紳士瞥了一眼便問道：「這是你的兒子嗎」？農夫很高興的點點頭說：「正是。」紳士接著說道：「那好，你既然救了我的孩子，那就也讓我為你的兒子盡點力，讓我們訂個協議吧，

請允許我把你的兒子帶走，我要讓他受到良好的教育。假如這個孩子也像他父親一樣善良，那麼他將來一定會成為一位令你感到驕傲的人。」鑑於紳士的誠心誠意，農夫只好答應了他的提議。

　　紳士非常講信譽，重承諾，不但把農夫的孩子送到學校讀書，而且還供他到聖瑪利醫學院上學，直至畢業。

　　這個農夫的孩子不是別人，他就是後來英國著名的細菌學家亞歷山大·弗萊明（Sir Alexander Fleming）。他於一九二八年首次發明了舉世聞名的青黴素，後來又經過英國病理學家弗洛裡和德國生物學家錢恩的進一步研究完善，於一九四一年開始用於臨床，並於一九四三年逐漸加以推廣。青黴素被公認為是第二次世界大戰中與原子彈和雷達相並列的第三個重大發明。而上面提到的那個紳士便是英國上議院議員邱吉爾（Winston Churchill），他那個被農夫救起的兒子後來成了英國著名的政治家，二戰時期的首相邱吉爾爵士。

　　這個農夫救了一個小孩子，對紳士來說，確實是一個不小的「人情」，但誰也沒有料到，農夫所做的這個「人情」對後世會發生如此重大的影響，他自己的兒子也因這個「人情」而獲得受高等教育的機會，日後竟然會成為英國著名的細菌學家和青黴素的發明者。邱吉爾首相在二戰中的卓著功勳無須贅述，弗萊明教授發明的青黴素也不知拯救了多少過去根本無法拯救的生命，真是為全人類造福不淺。從這個意義上講，那位

行善積德的農夫弗萊明所投的桃子就是一份世上最珍貴的「人情」——助人為樂之心，他所得的報酬也不是一筐李子所能替代的，而是最高和最優厚的「人情」，也可以說是舉世無雙的「人情」。

在現代商務中，人們都希望得到立竿見影的效果，否則就不願意付出，這在人與人之間的交往中表現得非常突出。

曾見到過這樣一個故事：有一個人被帶去參觀天堂和地獄，以便能選擇他日後的歸宿，他先來到了地獄。第一眼望去，他十分吃驚，因為所有的人都坐在酒桌上，桌子上佳餚無數，然而，接著他發現，這裡的每一個人都骨瘦如柴，無精打采，原因是每人的手臂上都固定了一米長的刀叉，使他們無法吃食。

於是他又去了天堂，同樣的食物，同樣的刀叉，可這裡的人歡歌笑語，因為他們在互相餵食。

這個故事給了我們極大的啟示：現代社會主要建立在交換關係上，有借有還，再借不難。你幫人辦事，他欠你一份人情，日後你求他，他才會反過來幫你。求人與被求，是一筆人情債，儘管無法精確的計算，但也要心中有數。

要想辦成事，必須事換事，能夠領悟和運用這一點的人，必會成為無往不勝、所向披靡的社交辦事高手。

人際交往免不了人情來往，人脈關係少不了人情來往。在你來我去的「人情」來往中，我們要記住：投桃報李先要投，而且是不求回報的投。不求回報的施捨往往能得到最優惠的回報，社會的規律不會忽略任何一個善良的人。

珍惜生命中的貴人

在現實生活中，我們不僅要多累積普通人脈，而且關鍵人脈絕不能忽視。

平時，當我們辦事不順或者四處碰壁的時候，你一定經常會有：「如果我有足夠多的關係，一定可以更加順利的完成這件工作。」、「如果和那位關鍵人物能夠牽扯上關係，做起事來可以方便多了」的感觸吧！因為，只要我們和那些關鍵人物有所連繫，當有事情想要去拜託他或是與其商量討論時，總是能夠得到很好的回應。

這種關鍵人物，就是我們生命中的「貴人」。

過去，人們都說命運掌握在自己的手裡，現在人際關係大師告訴你：你的命運掌握在你朋友的手裡。

事情就是這樣，當你無法與關鍵人物搭上關係時，事情往往很難取得進展，可一旦你與關鍵人物建立連繫，遭遇了你生命中的「貴人」，事情就好辦多了。

據金氏世界銷售紀錄保持人喬·吉拉德（Joe Girard）說：「每個人都有兩百五十位朋友，他們分別出現在兩種場合，一個是你的婚禮，一個是你的葬禮上。這兩百五十位朋友中，有百分之八十是對你毫無幫助的。」

為什麼這樣說呢？因為當你有一個可貴的目標或夢想時，你絕大多數的朋友不但不會支持你，反而會給你潑冷水；當你真正發生財務危機時，你絕大多數的朋友，不但不會主動借給

你錢，甚至還會不接電話，避而不見。而剩下的百分之二十的朋友，他們是積極的，能給你正面的影響，但真正能改變你一生的朋友只有百分之五。「你不該對朋友們一視同仁，你應該花百分之八十的時間和那百分之五對你的人生有重大影響和幫助的朋友在一起。」

所以人脈專家建議，認識更多頂尖的人，是人脈計畫中的關鍵。

很多人都看過電影《鐵達尼號》，這部電影的情節很「現實」：沉船時先獲救的是頭等艙的有錢人，再是婦孺，在三等艙的窮人只能束手無策，等待死神的降臨。那麼，請問你願意成為哪一群人？不僅鐵達尼號如此，社會現象也是如此。

假如現在你要自己創業，需要一筆數量不小的啟動資金，或者五十萬元，或者一百萬元，請你想想，你有多少個朋友會不問理由、二話不說，迅速到銀行匯錢給你？

有一位朋友的母親重病，急需十多萬元醫藥費住院治療，這位朋友是個社會新鮮人，可想而知這十多萬元對於他真是一個天文數字。他只能到處求人借錢，可他認識的人都是剛工作不久的職員，相助的數量極為有限，終究是杯水車薪。後來，他乘坐火車時偶然救了一名小孩，正好這小孩的父親是一位大企業家，當企業家得知他的困境後，毫不含糊的幫他付清了他父親所有的住院費用。

可以這樣說，是這位企業家救了他父親的命，也救了他的

命。這位企業家成了他的「貴人」，成了他的人脈中的「命脈」。

當然，人生中的挑戰不只是借錢，也有一些突發狀況，你會需要頂尖的醫生、頂尖的律師、頂尖的會計師來幫助你，如果你平常沒有建立這些人脈關係，在困難時，誰會向你伸出援手呢？所以說，要珍惜生命中可能的「貴人」。

以上故事告訴我們，人脈是金，而生命中的「貴人」則是金中之金。

讓人人都能幫你

如果在他人危難之時助人一臂之力，你就結下了善緣，相信他們在你需要時也一定會盡力幫你的，不過，讓別人幫你辦事，也是有一定講究的。

一、讓上面的人幫你

現代社會生活節奏加快了，家家都會有意想不到的困難，大事小事接連不斷，如孩子讀書、婚喪嫁娶、買房搬家、妻子兒女調動工作，以及借貸、買賣、調解各類糾紛、法律官司等，這些林林總整體家庭煩惱之事，有時我們自己辦起來經常會力不從心；在無奈的情況下，需要找本單位的上級出面幫忙辦理和解決。

按理說，上司是單位裡的長官，是工作上的長官，而屬下的私事不是他管轄之內的事情，從道理上可以不管、不幫忙。但從感情上講，因是上下級關係，上司也可以過問、幫忙。在

這兩者之間，如何能上司心甘情願為我們解決燃眉之急，確實是我們應該研究的問題。

既然我們是上司的屬下，是公司的員工，那麼，我們就可以從這個最基本的立足點出發，從情理上做文章，求得上司多關心群眾，多給我們幫助。

平時與上司搞好關係是最基本的前提條件。沒有關係辦不成事已經在上下達成共識。關係是一種感情的凝聚和利益的融通，有了關係也就有了路、有了利益、有了各種可以隨時兌現的希望。所以不但下級重關係，上級也同樣重關係。一旦哪一個環節的關係沒打通，出了問題，便很可能會影響到他的切身利益，甚至仕途前程。

與某些重要人物或關鍵人物關係親密，或所謂「關係鐵」的人，都是「神通廣大」的人，他們能把與自己或朋友利益有關的事辦得非常圓滿，甚至能把一般人認為無法辦成的事情合理合法的辦下來。

所以，要想辦成事必須要注重關係，特別是下級找上級辦事兒，必要時爭取合情合理才更為妥帖。

二、讓同事幫你

儘管在工作中同事之間會產生一些分歧和一些小矛盾，但若誰家有個大小事情需要幫忙時，彼此之間一般都會熱情的伸出援助之手。而坐壁上觀看熱鬧的，也許只是極個別的人。只要你的人緣不是差到極點，同事間幫忙辦事一般都是比較爽快的。

同事關係是辦事最直接最方便利用的關係。

每一個人在單位都有表現自己的欲望，幫助同事辦事就等於為他提供了一次表現個人能力的機會，即使遇到困難也得辦，即使有時擔心上司不滿也得辦，以此在同事中表現自己的古道熱腸。因此，找同事辦事不必存在有任何顧慮，該張嘴時就張嘴。只是，怎麼輕鬆張嘴也是有講究的。

首先，託同事辦的事，應有一個明確的目標，這樣，同事也就可以比較有的放矢的來幫你。託同事辦的事應該是一些難度不大、目標明確、可取得明顯效果的事，這樣一來不會讓同事太為難，二來可因你對他的感激之情，而進一步溝通和加深同事之間的人脈關係網。

其次，託同事辦事時態度要誠懇，需將事情的前因後果、利害關係說個清清楚楚，要說明為什麼自己不便去辦或辦不了而去找他辦。總之，由於同事對你了解得十分清楚，知根知底，因此託同事辦事態度越誠懇越好。你的態度越誠懇，同事也就越不可能拒絕你。

同事關係不像朋友關係那樣親近，同事之間關係一般不會太過深交，因此，託同事辦事時一定要注意禮節。在提出託同事辦事時，說話語氣應誠懇、客氣的詢問對方是否可以幫助自己。對方如果同意了，則務必要說些客氣話感謝對方。辦事過程中，應全面做好同事需要的各項準備工作，以備不時之需。事情辦成之後，要誠摯的向同事表示感謝，並根據同事的喜

好，或者給同事送點薄禮，或者請同事一起吃飯聯絡感情。

不過，有些事也不宜託同事去辦，比如涉及其他同事或上司利益的，這種事會影響到同事之間或與上司之間的關係，因此一般不宜託同事去辦。

三、讓朋友幫你

朋友相交之初，總會有「苟富貴，勿相忘」的誓言，可事實上並非如此。有些朋友在自己富貴發達之後就會忘了這話，逐漸與原先那些當前生活狀況並未有多大改善的老朋友疏遠了，甚至忘掉了老朋友，躲著老朋友。

與老朋友疏遠的原因很多，有可能是發達顯貴的一方人格上產生了偏差，看不起無權無勢的老朋友了；有可能是他情分雖沒變，但因整天忙於繁雜的事務之中難以自拔，而無暇顧及他人；也有可能是沒有成就的一方妄自菲薄，因自卑而羞於與老朋友們交往。無論怎樣，兩者的交情是越來越淡薄了。

在這裡我們所要討論的問題是，在這樣的關係下，處在低層次的朋友如何向高層次的朋友開口請求幫忙辦事情。當然，這肯定是被逼無奈非求不可的事了。因為求老朋友必然要比求陌生人要好得多，至少雙方曾經有過很深的交情。再者，跟老朋友說話總比跟陌生人好開口得多，就是送禮還得找對門呢。

是的，求朋友幫忙，多少要帶上點見面禮為宜。因多年不見，就算是老交情，帶上一點禮物上門也是非常自然的，更是情感的體現。禮物不在多少，它有把這多年沒有交往的空缺

一下子填補之功效。這禮物最好是對方舊有的嗜好，或是土特產，也可以是菸、酒及錢。

當然，禮物不同，見面時的說法也不同。若是舊友的嗜好之物，就說是「特意給老兄（老弟）的，我知道你最喜歡這東西」；若是土特產，就說是「帶給嫂子（弟妹）和孩子嘗嘗的」；若是錢，那就得說是「給大姪子、大姪女的，買一件合適的衣服或買書」之類……總之，只要進了門，便有了開口求老朋友辦事的機會。一定得帶點什麼禮物才不致失禮。

四、讓同學幫你

同學關係是非常純潔的，有可能發展為長久、牢固的友誼。因為在學生時代，人們年輕單純，熱情奔放，對人生、對未來充滿浪漫的理想，而這種理想往往是同學們共同追求的目標。曾幾何時，大家在一起熱烈的爭論和探討，每個人的內心世界都毫無保留的袒露在別人面前。加之同學之間朝夕相處，對彼此間的性格、脾氣、愛好、興趣等能夠深入了解。

誰都牽掛昔日的同窗，說不定你的故事還存留在他們的記憶裡，所以說同學之情的作用非常巨大，同學之間如能建立親密的連繫，並逐漸加深關係，那麼你遇到難題時，同學就會調動自己的關係盡力幫忙。有些聰明人很巧妙的運用了這個技巧，在一些無關緊要的場合中，自己吃些小虧，做些讓步，送個人情給同學，使他人一輩子記住這份人情，最後還有可能因此而獲得極大的成功。

另外，同學之間要經常聚會，以求關鍵時候幫把手。要知道，大千世界茫茫人海，既為同學，緣分不淺。幾年同窗雖相處時間不長，但同學的關係值得珍惜，值得持續下去。當你與同學分開後，還能保持一種相互連繫、愈久彌堅的關係的話，那對你的一生，或者說對你將來要達到的人生目標與理想是會很有好處的，這其中的有利方面，也許是你所從未想到的。

同學關係有時往往會在很關鍵的時刻發揮作用。但是值得注意的是，平時一定要注意和同學培養、聯絡感情，只有平時經常聯絡，同學之情才不至於疏遠，同學才會甘心情願的幫助你。如果你與同學分開之後從來沒有聯絡過，你去托他辦事時，一些比較重要的關乎他的利益的事情，他也就不會幫助你了。

別讓人脈壞大事

社會上，有些人確實很有才華和能力，卻總得不到提拔和發展，其重要原因是缺乏良好的人脈關係網。「水能載舟，亦能覆舟」人脈的「水」決定了你事業的「舟」能走多遠。

在美國，職場中流行一句話：「智商 (IQ) 決定錄用，情商 (EQ) 決定提升。」曾有人向兩千多位雇主做過一個問卷調查，「請查閱貴公司最近解僱的三名員工的資料，然後回答：解僱的理由是什麼？」結果，無論什麼地區或什麼產業的雇主，百分之七十的答覆都是：「他們是因為與別人相處不好而被解僱的。」由此可知，人脈關係何其重要！

　　既然人脈對渴望成事者如此重要，我們千萬不能經營壞了自己的人脈。在維護人脈的同時，我們必須提升人脈的競爭力，隨時把人脈調整到最佳狀態，並適時為人脈把把脈，勤時清理自己的人脈帳戶。人脈帳戶隨著時間的累積越積越多，越積越廣，到一定的時候我們就要自行清理，就像一片土地上除了長滿莊稼外，肯定還會有不少稗草和雜草，如果不加以清除，勢必影響莊稼的生長和收獲。

一、慎對兩面三刀者

　　在你的人脈關係網中，免不了會有這樣的人物：他當面奉承你，轉過身去卻嗤之以鼻；他對你心懷不滿，但當面總是笑臉，背後到處撥弄是非……這類人，有著兩張面孔，有著雙重人格。這種人是你人脈關係網中的絆腳石。

　　我們可以厭惡這種行為，但不必厭惡行為者本人。具體來說，我們在反對不正派行為的時候，不要去傷害他們的自尊心，不要損害他們如此小心翼翼的保護著的那個「自己」。比方說，當他為了贏得喝彩聲，才對你奉上掌聲時，你不妨先冷靜下來，真誠的向他申明：在需要得到人家的支援這一點上，你們是一致的，但是，要想真正獲得別人的支持和讚美，還要靠自己的真才實學和自己的辛勤勞動。在他為了尋求「庇護」才圍著你打轉時，你也應該幫助他認清自己的力量，鼓勵他培養獨立自主的人格，堅定的走自己的路，切不可簡單的拒絕他。簡單拒絕只會傷害對方的自尊心，加速你「觸礁」的進程。鼓勵他

的自尊心，幫助他建立起獨立的人格，幫助他完成真正的自我保護。當你滿足了他的要求，你也會得到他的真誠回應。

二、感化貪小便宜者

不管是誰，都喜歡和那些豪爽熱情、開朗大方的人往來，而不願意同喜歡貪小便宜的人打交道。然而，如果不善於與他們相處，他們則有可能成為你成長和發展的阻力。

社會心理學告訴我們：一個人的行為與動機並非是一對一的，它們之間存在著錯綜複雜的關係，即同一動機可以產生不同的行為表現；同樣，同一行為亦可能由不同動機所引起。「貪小便宜」是人們生活中的一種行為表現，並不一定是渾身沾滿銅臭的利己思想的反映；即使是利己主義者，亦並不一定就是不可救藥者，況且各人表現的程度不盡相同。

貪小便宜的習慣乃「冰凍三尺，非一日之寒」，要求他們一下改掉並不現實，只能從一些小事入手，潛移默化的幫助他們，而且允許出現反覆。如果一個人去幫助猶嫌力量不足，可動員幾個要好的朋友來共同幫助他們。當貪小便宜者真正理解你的一顆真誠的心後，他是會永遠感激你的，由此所建立起來的友誼，也一定是純潔的、牢固的。

三、擺脫搬弄是非者

有人曾在某地六所中學七百八十二名高中學生中作了調查，調查的題目是「你平時最害怕什麼」。結果竟有一半左右的學生（女學生的比例更大）回答說：「最害怕被人背後議論。」人

言可畏，可見一斑。

　　搬弄是非的人，以背後說人壞話、挑撥離間為能事。與這種人相處，的確不容易，非掌握一些訣竅不可。

　　記住：君子坦蕩蕩，小人常戚戚。強者是為自己的目標而活著，只有弱者才會被周圍的是非議論所左右。

　　所以說，如果打造好了自己的人脈，事業成功在望；如果糟蹋了好的人脈，失敗還會遠嗎？

　　美國作家傑克・倫敦（Jack London）的童年是貧窮而不幸的，十四歲那年，他借錢買了一條小船，開始偷捕牡蠣。可是，不久之後就被水上巡邏隊抓住，被罰去做勞工。傑克・倫敦瞅空子逃了出來，從此便走上了流浪水手的道路。

　　兩年以後，傑克・倫敦隨著姐夫一起來到阿拉斯加，加入到淘金者的團隊。在淘金者中，他結識了不少朋友。他這些朋友中三教九流什麼人都有，而大多數是美國的勞苦人民，雖然生活困苦，但是在他們的言行舉止中充滿了生命的活力。

　　傑克・倫敦的朋友中有一位叫坎里南的中年人，他來自芝加哥，他的辛酸歷史可以寫成一部厚厚的書。傑克・倫敦聽他的故事經常潸然淚下，而這更加堅定了傑克・倫敦心中的一個目標：寫作，寫淘金者的生活。

　　在坎里南的幫助下，傑克・倫敦利用休息的時間看書、學習。一八九九年，二十三歲的傑克・倫敦寫出了處女作《給獵人》，接著又出版了小說集《狼之子》。這些作品都是以淘金工

人的辛酸生活為主題的，因此，贏得了廣大中下層人士的喜愛，傑克‧倫敦漸漸走上了成功的道路，其著作的暢銷也給他帶來了巨額的財富。

剛開始的時候，傑克‧倫敦並沒有忘記與他共患難同甘苦的淘金工人們，正是他們的生活給了他靈感與素材。他經常去看望他的窮朋友們，一起聊天，一起喝酒，回憶以往的歲月。但是後來，傑克‧倫敦的錢越來越多，他對於錢也越來越看重。他甚至公開聲明他只是為了錢才寫作。他開始過起豪華奢侈的生活，而且大肆的揮霍。與此同時，他也漸漸的忘記了那些窮朋友們。

有一次，坎里南來芝加哥看望傑克‧倫敦，可傑克‧倫敦只是忙於應酬各式各樣的聚會、酒宴和修建他的別墅，對坎里南不理不睬。於是坎里南頭也不回的走了。同時，傑克‧倫敦的淘金朋友們也永遠的從他的身邊離開了。

離開了朋友，離開了寫作的源泉，傑克‧倫敦的思維枯竭，他再也寫不出一部像樣的著作了。於是，一九一六年十一月二十二日，處於精神和金錢危機中的傑克‧倫敦在自己的寓所裡用一把左輪手槍結束了自己的生命。

傑克‧倫敦真可謂「成也人脈，敗也人脈」他的故事發人深省。

第八章　溝通深一點，心靈相通好辦事

—— 用心溝通，理解萬歲

溝通無處不在，溝通處處需要。上下級之間需要溝通，同事之間需要溝通，部門之間需要溝通，夫妻之間需要溝通，父子之間需要溝通，師生之間需要溝通……溝通是一種藝術，也是一門大學問，很多時候溝通還是一種做事的技能。放眼政壇或商界的風雲人物，無人不是「能言善辯」的高手，人際溝通的專家。而沒有好口才的人，有如發不出聲音的留聲機，是無法進行有效溝通的。當今的社會是一個競爭激烈的社會，如果不能有效溝通，又怎麼能獲得事業的成功？

溝通是做事的技能

　　溝通無處不在，溝通處處需要。上下級之間需要溝通，同事之間需要溝通，部門之間需要溝通，夫妻之間需要溝通，父子之間需要溝通，師生之間需要溝通……溝通是一門大學問，也是一種藝術，很多時候溝通還是一種做事的技能。溝通是發現問題的起點，也是解決問題的有效手段。同樣一件事情，如果我們能用不同的方法及時真誠的進行有效的溝通，就能產生不同的效果，就能避免和減少內耗。

　　世上三百六十行，無論各行各業，哪一種事都離不開與他人的溝通互動。即使是創造性的工作，例如寫作、譜曲、繪畫、設計等等創作，在構思下筆之前可能是「閉門造車」，將自己封閉起來尋求靈感。可是創作的最終目的仍是希望將作品公之於世。因為，不論何種創作形式，都是人們透過各種形式的載體向其他人傳達著一種資訊，哪怕形式低級到如小兒塗鴉。而觀眾，也就是資訊接收者必會將這種資訊在頭腦裡產生再創作，與作者、與其他觀眾產生共鳴。從某種意義上講，共鳴越強烈，就表示著作品越受歡迎，反之可能就是那種「孤芳自賞」的作品。因此，可以這麼認為，人不論做什麼工作，他都是在進行著一種「創作」，他的工作成果就藏有資訊，就是在和其他人，有時是自己在進行著溝通。

　　在各種性質的工作中，有幾項受溝通的影響最為明顯，例如：推銷員、櫃檯售貨員、記者、教師、外交人員、公關人員、

祕書、電話員、導遊以及各種服務檯人員等等。上述這些人員在工作工作對溝通能力的要求特別高，能否有效的與他人溝通，會影響他們工作的成敗。千篇一律的聲音，總是讓人覺得古板而缺乏生命。乘坐過民航客機的人都會有這種感覺，勤快的空中小姐總會在離站不久後，用麥克風告訴我們行程、所需時間，並致歡迎之意。到達終點站前，空中小姐也會再次的謝謝光臨。可惜近乎統一的內容在空中小姐習慣性的表達之下，變成與電腦語音提示極為相近。秀麗端莊的空中小姐如能多用些音調、表情等非語言資訊，則會更生動可人。雖然播報內容一樣，可是乘客卻不是班班相同啊！各機關的總機人員，以職位來說只能算是小兵，可是工作性質無疑是可呈現機關給人的第一印象的，因此小兵可能立大功，小兵也可能壞大事。當外界的人士以電話聯絡時，總機人員往往堅守第一線，尤其是初次接觸時，更是常常透過總機轉接。假如總機人員溝通能力強，可以為機關塑造好的形象；反之，如果不善於溝通，可能破壞機關的形象。因此，雖然是小兵，怎能不小心挑選呢？上面的例子，說明了溝通對工作的影響。

　　隨著人們的物質生活水準的不斷提高，服務業越來越蓬勃，而從事服務業的人員，往往更需要具備溝通的能力。現在的企業和機關也越來越重視公關部門，可見溝通對於各行各業的重要。這些公關，主要是著重自我推銷，塑造有利形象，這些都需要運用溝通。再就各種工作的進行過程來說，溝通也扮

演重要的角色。一般來說，溝通具有以下幾點功能：

1. 收集意見
2. 交換意見
3. 促進觀念互動
4. 表現民主精神

　　因此，溝通在決策的過程中展現出不可忽視的分量。尤其是團體決策日益受重視之下，以往孤軍奮鬥的苦幹方式，已逐漸被團體討論、腦力激盪團體、點子團體等取代，利用溝通的互動過程來增進思考方式的多元化，以及增加決策方案的選擇性。經過溝通互動所進行的決策，可以降低失敗率，提高成功率。

　　由此可見，溝通對個別工作的表現，或是整體工作的運行，都具有不容忽視的影響分量。溝通本身，就是一種做事的技能。

溝是手段，通是目的

　　溝通並不是一種本能，而是一種能力。溝是手段，通是目的。如果人一生當中想要有所作為，一定要學會溝通。溝通的目的有四個方面：了解他人、激勵他人、表達情感、傳遞資訊。

　　說到溝通，大家一定記得美國的卡內基說過的這樣一句話：一個人的成功，百分之十五來自於他的專業知識和技能的影響，百分之八十五靠他與別人相處的方式方法。有個叫約翰·奈斯比特（John Naisbitt）的人在談到溝通時也表明了自己的觀

點，他說：「未來競爭將是管理的競爭，競爭的焦點在於每個社會組織內部成員之間及其與外部組織的有效溝通之上。」從他們兩個人的表述中我們可以看出，雖然說法不同，但中心詞是一個，就是有效溝通。

隨著當今社會的發展，競爭的加劇，溝通能力也從來沒有像現在這樣成為個人成功的必要條件。

名人之所以成功，很大一部分和他們的溝通技巧分不開。那麼名人溝通技巧的基礎是什麼呢？那就是了解人和人性。資深的安利銷售總監，你和他聊天時，他能百分之八十猜到你在想什麼，然後一步步走進你心裡，讓你感覺他說的話很有道理，和你想的一樣，或者是你想法的補充，覺得你的想法是在他的基礎上昇華的。

現實生活中，人的理想、信念與世界觀代表了一個人的精神寄託和事業追求，理想、信念與世界觀不同的人，也可以在一定條件下互相交往、互相理解。人與人之間在一起工作、學習和生活，要互相配合、齊心協力、和諧相處，就必須了解他人的行為，了解的過程就是溝通的過程

有效溝通在我們的工作以及日常生活的各方面，都扮演著極其重要的角色，但是我們的溝通並不總是有效的，而無效的溝通往往會成為我們在工作中取得成功和生活中獲得滿足的障礙。這裡我給大家講兩個小故事：

阿東明天就要參加小學畢業典禮了，他想，怎麼也得精神

點，把這一美好時光留在記憶之中。於是他高高興興上街買了條褲子，可惜褲子長了兩寸。吃晚飯的時候，趁奶奶、媽媽和嫂子都在場，阿東把褲子長兩寸的問題說了一下，飯桌上大家都沒有反應。飯後大家都去忙自己的事情，這件事情就沒有再被提起。到了晚上，媽媽睡得比較晚，臨睡前想起兒子明天要穿的褲子還長兩寸，於是就悄悄的一個人把褲子剪好疊好放回原處。半夜裡，狂風大作，窗戶「哐」的一聲關上把嫂子驚醒，嫂子猛然醒悟到小叔子褲子長兩寸，自己輩分最小，怎麼得也是自己去做了，於是披衣起床將褲子處理好才又安然入睡。而老奶奶覺輕，每天一大早醒來給小孫子做早飯上學，趁水未開的時候也想起孫子的褲子長了兩寸，馬上快刀斬亂麻。就這樣，阿東只好穿著短四寸的褲子去參加畢業典禮了。

這個故事告訴我們：在人們的現實生活中，許許多多的不愉快、不順暢、難堪、挫折、失敗、不幸，均與缺乏溝通或溝通不成功有關係。英國學者帕金森（Cyril Northcote Parkinson）有一個著名定律——帕金森定律：「因為未能溝通而造成的真空，將很快充滿謠言、誤解、廢話與毒藥。」家庭之間、朋友之間、人與人之間，無不需要經常性的溝通、經常性的交流。

我們再看這樣一則寓言：一把堅固的大鎖掛在鐵門上，一根鐵杆費了九牛二虎之力，卻無法將它撬開。一把瘦小的鑰匙來了，它把身子鑽進鎖孔，只輕輕一轉，那大鎖就「啪」的一聲打開了。鐵杆奇怪的問：「為什麼我費了那麼大力氣也打不開，

而你卻輕而易舉的就把它打開了呢？」鑰匙說：「因為我最了解他的心。」

這個寓言則告訴我們：打開鎖其實很容易，只要你有鑰匙。人與人溝通不難，需要的是你如何用既準確又不失巧妙的方式打開它。

口才是成功的金鑰匙

在做事時，成功的祕訣有很多，口才好的因素絕對不容忽視。一個人要想成功，就離不開良好的口才。因為說話的水準是這個人的思維本質、認識高度、知識淵博程度等的綜合體現。在很多種情況下，不管是社會還是個人，對一個人的認識和了解都是透過說話來實現的。自古以來，能成就一番事業者無一不是善於說話、精於做事的人。若能練就一個善講巧說的「鐵嘴」，就可以說明自己用語言打開一片廣闊的天地，在通往成功的道路上無往而不利。

口才是一種綜合能力的體現，而絕不是只憑兩片嘴皮子。良好的談吐可以助一個人成就一番事業，蹩腳的談吐可以令一個人萬劫不復。在我們的日常生活中，有些人口若懸河，有些人期期艾艾、不知所云；有些人談吐雋永、滿座生風，有些人語言乾癟、意興闌珊；有些人唇槍舌劍、妙語連珠，有些人反應遲鈍、言不及義……人們的口才能力有大小之分，說話的效果也是有很大差別的。

一個善於說話的人，必須具有敏銳的觀察力，能深刻的認

識事物，只有這樣，說出話來才能一針見血，準確的反映事物的本質。除此之外，還一定要有嚴密的思維能力，懂得如何分析、判斷和推理，說出話來天衣無縫，有條有理。最後，還一定要有流暢的表達能力，詞彙豐富、知識淵博，才能說出生動的話。

　　每個人都希望自己有一副好口才。但好口才不是天生的，能說會道、口若懸河的好口才是從生活中培養出來的。只要一個人多聽多說、勤學苦練，你也可以在任何場合，面對任何人，都能做到從容不迫的說，瀟灑自如的說。

　　在我們的生活中，有些人人肚子裡知識很多，專業水準很高，工作很出色，可就是缺少嘴巴功夫，言談拘謹慌張，邏輯思維混亂語無倫次，總是不受人們歡迎。結果經常遇到許多尷尬的局面：當眾講話結結巴巴；見到陌生人無話可說；參加面試語無倫次；開會發言詞不達意，戀愛交友磕磕絆絆；被人誤解時有口難辯。同是一件事情，有些人因為會說話大獲成功，有些人卻因為口拙遭到失敗，茶壺裡煮餃子 —— 就是倒不出來，這不能不說是一種遺憾。不善言談和不善表達很容易給人留下能力低下和思維匱乏的印象。這樣的人無論處在那一個社會層面，也不論走到哪裡，都不會得到足夠的器重和賞識，甚至只能淪為無足輕重的邊緣人。在這時，假如你還在用「我」雖然不會說話，但是會做事來安慰自己，肯定還會遭受接二連三的打擊。

古希臘演說家狄摩西尼（Demosthenes），為矯正口吃，就口含鵝卵石練演說。為了防止別人引誘他走出房門，竟把自己的頭髮剃去一半，弄成半陰半陽的「鴛鴦頭」，這種醜相將他束縛在書房裡，潛心苦練口才。美國政治家林肯（Abraham Lincoln），年輕時常常徒步三十英里，到法院聽律師的辯護，他還把木樁、玉米林當作聽眾，練習演講。出任總統後，他為了做好那個只有六百多字的著名的格提斯堡烈士安葬演說，精心準備了十五天。「冰凍三尺，非一日之寒。」古今中外的演講大師正是這樣嚴格約束自己，勤學不輟，終於掌握了高超的演講藝術的。

要想有良好的口才，首先是正確的發音，對於每個字，都必須發音清楚。清楚的發音可以依賴平時的練習，注意別人的談話，朗讀書報，多聽收音機廣播等；這些均對正確的發音有迅速的幫助。在說話的時候，對於每一句子要明白易懂，避免用生澀詞彙。別以為說話時用語艱深，就是自己有學問、有魄力的表現；其實，這樣說話不但會使人聽不懂，而且弄巧成拙，還會引起別人的懷疑，以為是在故弄玄虛。當然，良好的說話，應該是用大方。熟練的語句，而且有豐富的詞彙，可以應付說話的需求，使內容多彩多姿，扣人心弦。

說話的速度是不宜太快亦不宜太慢的，說話太快使聽的人不易應付，而且自己也容易疲倦，有些人以為說話快些，可以節省時間，其實說話的目的，是使對方領悟你的意思。此外，

不管是講話的人，或者是聽話的人，都必須運用思想，否則，不能確切掌握話中的內容，當然說話太慢，也是不對的，一方面既浪費時間，另一方面會使聽的人感覺不耐煩。

說話是一種藝術。我們必須掌握各種巧妙的方法，然後才能獲得成就。在說話的時候要認清對方，顧慮別人的反感，坦白率直，細心謹慎。宜常常談話，但每次不可太長，說話的時候不可唯我獨尊。因為我們說話的目的是說明一些事情，使人發生興趣。所以要清晰！要明白！

信口開河、放連珠炮，都是不好的說話方式。信口開河並非表示你很會說話，相反的，證明你說話缺乏熱誠，不負責任。至於說話像放連珠炮，那只有使人厭煩，因為你一開口，別人就沒有機會啟齒了。

當今社會是一個競爭與合作的社會，有很多人在競爭中失敗，有很多人在合作中成功，這其中玄機在哪裡呢？西方有位哲人說過：「世間有一種成就可以使人迅速完成偉業，並且獲得世人的認識、贊同，那就是講話令人喜悅興奮的能力」。即通常所說的口語交際能力。通觀古今中外，凡是那些成就大事、有所作為的人，都會把好口才作為必備的修養之一。

求人辦事有巧方

平時，辦事難免要和人打交道，可對方有時不一定都是自己最信賴和最常接近的人，此時就不能直接表露心跡，最好的辦法是投石問路，試探對方的態度。

投石問路行之有效的一種辦法是：不直接詢問對方對某一具體做法的態度，而是先引用俗語或故事，試探其對某一類行為的整體看法，從中知悉對方對某一具體問題可能採取的態度和行動。

辦事首先會涉及面子問題。臉皮太厚，強人所難，很難辦成事；臉皮太薄，羞於開口，則更不可能辦成事。

正確的原則是：從實際的需要出發，讓臉皮保持一定的「彈性」。

- **讓臉皮「厚如城牆」**：讓臉皮保持「彈性」，前提是讓臉皮變厚變硬，如果不厚不硬，「彈性」也就沒有了物質基礎。起初的臉皮，好像一張紙，由分而寸，由尺而丈，就厚如城牆了。

- **讓臉皮「硬如鋼鐵」**：城牆雖厚，轟以大炮，還是有攻破的可能。到了「硬如鋼鐵」這一步，無論你如何攻打，它都絲毫不動。

- **讓臉皮變得「無形無色」，也就是人們常說的「沒臉沒皮」**：臉皮「彈性」的最高境界，就是這種「至厚無形」，不僅自己對所作所為「不以為恥，反以為榮」，而且世界上所有的人，都不以其厚為恥。這個境界，很不容易達到，只好在大聖大賢中去尋求。

  辦事要保持臉皮的「彈性」，當然就要盡力做到「無形無色」，才算得上是至境。

　　求人辦事時，談話可以從政治、經濟等比較嚴肅、文雅的題目開始，然後再涉及文學、藝術等個人的興趣方面等比較輕鬆的話題，總之，將自己的觀點、見解堂堂正正的公布出來，使得彼此都能有共同的思想，才是最好的談話。

　　一個善於求人的人，一定不會說出不合時宜的話，因為他知道不得體的言辭往往會傷害別人，即使事後再想彌補也來不及了。同樣的，如果你的舉止很穩重，態度很溫和，言辭中肯動聽，雙方自然就能談得投機，別人也就心甘情願為你辦事了。

　　所以，為了要使對方對你產生好感，開口講話前需先斟酌思量，不要想到什麼說什麼，以致引起了別人反感而自己還不知道為什麼。

　　既然求人，大多是工作、生活出現了困難和危機，比如家人生病、婚姻不和睦、事業不順，等等，人們在此時經常處於情緒低潮期，希望別人能給予關懷，伸出援助之手。但千萬記住，不要把過度沮喪的情緒帶到別人面前。求人辦事，總是一副哭喪臉，會使人感到晦氣。

　　另外，辦事還要有吃虧意識。要想辦大事，就要敢於吃虧、善於吃虧，因為眼下吃些小虧，以後才能撿到大便宜。如果在辦事過程中事事與人計較，那麼對方就算這次幫了你，下次就很難說了。

　　所以，要想辦好事，就要時刻做好吃小虧的準備。

一、在有些情況下要敢吃虧

人們總是需要面臨種種選擇，而且在選擇的過程中我們可能要損失一部分利益。如果我們懂得「吃虧是福」的道理，就不會因為個人利益的得失而心存煩惱和憂鬱。放棄一些無關宏旨的東西，捨棄一些自己頗為喜歡但由於某些原因而不能為之的機會，乃至在一些唾手可得的東西上以及在一些自己本身完全具有競爭力和理由的機會中，由於某些因素而主動的讓給他人，這種放棄，有時並不一定是為了達到某個更高的目標，而是體現出了辦事人的明智：不獨占全部的機會和資源，才能保證自己不丟失最大、最核心的利益。

二、要充分分析自己的具體情況，做到有理性的吃虧

我們要做的並不是一味的白白吃虧，而是有理性的吃虧，從短期吃虧中獲得長遠利益。

吃虧必須講究方式和技巧。虧，不能亂吃，有的人為了息事寧人，去吃虧，吃暗虧，結果只能是「啞巴吃黃連，有苦說不出」。孫權就是這樣，為了奪回荊州，假意讓自己的妹妹嫁給劉備，結果在諸葛亮的巧妙安排下，孫權不僅賠了妹妹，又折了兵，荊州還是在人家手中，這個虧未免吃得太不值得了。虧，要吃在明處，至少要讓對方意識到。

總之，吃虧會讓你在別人眼中更為友善、豁達，更容易獲得他人的幫助。難怪有人說「吃虧是福」。

求人辦事，所求之人一般是年富力強，剛好是「上有老，

下有小」的年齡，所以在必要的時候，走一下老人、孩子路線，迂迴的接近目標，拉近彼此的感情，會有事半功倍之效。為什麼老人和孩子是理想的路線呢？因為：

1. **老人、孩子容易接近**：老人因體力虛乏在家休養，一般都會因為無人陪伴而顯得孤寂。如果有人主動接近老人，哪怕是暫時解除老人的孤寂，老人也非常樂意。而小孩子淳樸、喜新好奇、愛動，一句唐詩、一段故事、一個鬼臉就能很快贏得孩子的親近。

2. **老人、孩子對家庭影響力大**：人們有敬老、尊老、孝老的傳統，假如老人心曠神怡，全家隨之活躍和愉快。人們又十分看重傳宗接代，視小孩為家庭的未來，況且現代家庭小孩多是「獨苗」，家裡人更是哄捧寵愛，如果能和小孩玩在一塊，家庭融洽自是水到渠成。

因此，遇到辦事不順之時，考慮走一走老人、孩子路線，是不可忽視的獲取好感、打通關係的絕妙辦法。

幽默溝通更有效

在人際交往中，幽默的情懷無疑就像濕潤的細雨，可以沖淡緊張的氣氛，緩解內心的焦慮，縮短彼此間的距離，是胸襟豁達的表現，即使在不愉快中也能沁人心脾，破除尷尬。

生活中不乏這樣的人，品行端莊，為人樸實，但他總是一本正經，沒個笑臉，讓人覺得枯燥無味，可敬而不可親。

富有幽默感的人就不同了。他們不但愉快的做事，更能愉

快的說話，走到哪兒，歡樂就散布到哪兒。這樣的人肯定有缺點，但由於有情趣，使人歡笑，使人快樂，人人都願意與之相處。

幽默型的人，他們很少遵從邏輯的法則，相反經常運用奇談怪論，或類似詭辯的手法，使對方如墜雲裡霧中。這種情況，與其說是為了理而辯，不如說是為了給自己找臺階下更來得貼切。打趣話、俏皮話、笑而不謔的話連續不斷，使舉座為之傾倒。這種才能特別發達的人，總是非常圓滑、靈活的聰明人。

有幽默感的人，必然是感覺敏銳的人，心理健康的人，也必然是笑顏常開的人，胸襟豁達的人，別人樂意與之交往、與之親近、與之為友的人。這裡面，性格樂觀，胸襟豁達很重要。一個悲觀厭世者當然不懂得幽默，一個心地褊狹之人也與幽默無緣。

蘇東坡是一個可敬、可愛又可親的人，他總是把自己的所見所聞化成幽默的語言，傳達給周圍的人，製造歡樂的氣氛，在嬉笑之餘，又使人們回味和深思。有一次御史臺的官僚們拿蘇東坡的詩作根據，斷章取義，無根據的分析，硬說他諷刺朝廷，誣衊皇上，把他從湖州刺史任上抓來，關到大牢裡，幾乎殺頭。經他的弟弟子由和許多好友大力營救，才保住了性命，貶到黃州任縣令。然而迫害並沒有就此結束，以後他繼續受到多次打擊，新賬舊賬一起算，越算越多，被貶謫去的地方也越來越遠，最後竟貶到荒僻遙遠的海南島。長期的磨難使蘇東坡

認識到派系鬥爭激烈的嚴酷現實。他在著名的《水調歌頭》一詞裡，曾很有深意的慨嘆：「我欲乘風歸去，又恐瓊樓玉宇，高處不勝寒。」後來人們常用「高處不勝寒」來形容高層政界裡的不易立足。

不僅如此，蘇東坡還常常以嬉笑詼諧的形式，來曲折的發洩心中的不平之氣。有一次，大家歡迎他講故事，他當場編了一個新奇的故事，說得大家前仰後合。他說：

「昨夜，我做了一個夢，夢見兩個峨冠博帶的人找我，說海龍王請我去吃飯。我也確實很久沒吃過飽飯了，聽說請吃飯，心中很高興，便沖濤踏浪，跟著他倆到了龍王的水晶宮。水晶宮裡瓊樓玉宇，百寶紛呈。龍王帶一大群臣僚，還有嬪妃出來迎接我。他們說了許多稱讚我的話。滿桌山珍海味，身邊一個美人專給我斟酒。那美人身材窈窕，膚色白嫩，雙目像太液池裡的秋波，一閃一閃的瞅著我，身上散發著香氣，使我神魂顛倒。正在這時，龍王讓我為今日之幸會題詩。我當即提筆揮就，盛讚龍王功德和水晶宮裡的豪華，並頌揚君臣的才學與嬪妃們的豔美。龍王高興極了，誇獎我的文筆，給我賞賜了大量的珍寶。正在我得意的時候，忽然一個丞相模樣的大臣，低聲告訴龍王，說我寫的詩裡有譏諷大王的語氣。龍王一聽大怒，吩咐蝦兵蟹將把我趕了出來。我一看這位相公，原來是烏龜變的。唉！我又受烏龜相公的算計呀！」

蘇東坡就是這樣，在幽默的談笑中，委婉的發洩自己心中

的不平和怨氣，忍耐艱難的遭遇，堅定自己的信心，什麼樣的環境也淹沒不了他的智慧和才華。

有人曾說：「幽默是痛苦與歡樂交叉點上的產物。」這句話道出了幽默的內涵。以嚴肅的態度對待一切，而以輕鬆的態度對待自己，尤其是面對失敗、面對挫折，面對生活中的種種不幸，以幽默的態度一笑置之，那實在是一種君子坦蕩蕩的磊落襟懷。

幽默是人際關係的潤滑劑，有時利用幽默表達一下對對方的不滿，也不失為一種好方法。有這樣一則小幽默：

在飯店，一位喜歡挑剔的女人點了一份煎蛋。她對侍者說：「蛋白要全熟，但蛋黃要全生，必須還能流動。不要用太多的油去煎，鹽要少放，加點胡椒。還有，一定要是一個鄉下快活的母雞生的新鮮蛋。」「請問一下，」女侍者溫柔的說：「那母雞的名字叫阿珍，可合你心意？」在這則小幽默中，女侍者就是使用的幽默提醒的技巧。面對愛挑剔的顧客，侍者沒有直接表達對對方所提苛刻要求的不滿，卻是按照對方的思路，提出一個更為荒唐可笑的問題提醒對方：你的要求太過分了，我們無法滿足，從而幽默的表達了對這位顧客的不滿。

一位女士買了一條假黑狐圍巾，她去找商店說：「你們真是奸商，我花了大價錢，買了你們一條黑狐圍巾，不料遇到雨，黑色褪了，變成了褐色。」皮貨店經理並沒有急於辯解，也不生氣，而是幽默的一笑說：「狐狸精真厲害，做成了圍巾，竟還能

變化。」幽默的話語，緩解了雙方緊張對立的氣氛，為進一步協商解決問題，奠定了良好的基礎。

　　所以說，有幽默感的人往往思路敏捷、反應迅速，在複雜的環境中從容不迫，妙語連珠，不管做什麼事，常常能夠憑藉幽默的力量來溝通，甚至化險為夷。

讚美是最好的禮物

　　好孩子是誇出來的，不是打出來的。一個經常讚揚子女的母親可以創造出一個幸福快樂的家庭，而且可以培養出聰明懂事的孩子。一個經常讚揚學生的老師，不僅讓學生生活在積極向上的氛圍中，還可以帶出一個有凝聚力的班級。一個經常讚揚下屬的領導者，不僅使得下屬產生親近感，工作熱情更高，而且可以營造和諧的人際氛圍，增加公司的凝聚力和向心力。

　　有人真誠讚美你時，你一定感覺很棒吧？讚美是一件很有威力的事情。被讚美的感覺會使你的精神振奮好幾個小時，甚至幾天。每次想到它，都會再一次振奮。

　　人們需要稱讚，就像需要食物一樣。沒有稱讚，人就會變得脆弱，容易受到各種不良思維的干擾；沒有稱讚，人的精神免疫系統就會停止運作。真誠的稱讚是使人內心保持堅強的燃料，它使人快樂。而快樂的人比較容易相處，也比不快樂的人有更高的生產力。所以，學會真誠的稱讚非常重要，它把人內心最好的東西挖掘出來。

　　讚美別人，彷彿用一支火把照亮別人的生活，也照亮自己

的心田，有助於發揚被□□的美德和推動彼此友誼健康的發展，還可以消除人際間的□□和怨恨。讚美是一件好事，但絕不是一件易事。讚美別人□審時度勢，不掌握一定的讚美技巧，即使你是真誠的，也□好事為壞事。所以，開口前我們一定要掌握一些技巧。

如何學會稱讚呢？你需要□向別人說你喜歡從他那裡聽到的事情。當他們出色的做完□事情後，要祝賀他們。告訴他們你是多麼欣賞他們所作出的□狀。當他們看起來很不錯或是對你說了有價值的東西時，要告訴他們你的想法。

慷慨大方的使用你的稱讚，時刻可以注意可以稱讚的人和事情。

以下是一些幫助你培養這個技巧的幾點提示：

讚美別人要真誠

奉承不是讚賞，千萬不要說出不是發自內心的話。如果你這樣做了，當你真的嚴肅的時候，人們就不會相信你了。有很多事情可以讓你真誠的讚美別人，你沒有必要說出不真心的話。

稱讚事實，而不是人

把稱讚的焦點放在所做的事情上，而不是放在人身上，人們就會更容易接受你的稱讚，而不會引起尷尬。你說「瑪麗，你編輯的演講稿太好了」，就比「瑪麗，你好棒」更好。

稱讚要具體

在日常生活中，人們取得突出成績的時候並不多見。因

此，交往中應從具體的事件入手，發現別人最微小的長處，並不失時機的給予讚美。讚美愈翔實具體，說明你對對方愈了解，對他的優勢和亮點愈⋯⋯讓對方感到你的真摯和可信，從而產生親近效應。

當稱讚針對某一件事情的時⋯⋯就會更有力量。稱讚越廣泛，力量就越弱。稱讚別人的時⋯⋯要做很對某一件具體的事情。例如，「約翰，你今晚戴的條領帶配這套黑色西裝，非常耀眼」，就比「約翰，你今晚⋯⋯很好」更有力量。再比如：「瑪麗，你每次和人們說話，都使他們覺得自己很重要」，就比「瑪麗，你真會與人相處」更好。

掌握稱讚的「快樂習慣」

每一次稱讚別人都有巨大的附帶利益，它會使你同時得到滿足。這裡有一個宇宙規律：如果你不能為自己增加快樂，那麼你就不能為任何人增加快樂！所以，每天起碼要稱讚三個人，你將感覺到自己的快樂指數不斷提升。

適時得體

出門看天氣，進門看臉色。讚美別人要相機行事、適可而止，真正做到「美酒飲到微醉後，好花看到半開時」。

當別人計畫做一件有意義的事時，開頭的讚揚能激勵他下決心做出成績，中間的讚揚有益於對方再接再厲，結尾的讚揚則可以肯定成績，指出進一步的努力方向，從而達到「讚揚一個，激勵一批」的效果。

因人而異

人的素養有高低之分，年齡有長幼之別，性別也有男女之異。因人而異，突出個性，有特點的讚美，比一般化的讚美能收到更好的效果。老年人總希望別人不忘記他「想當年」的業績與雄風，同其交談時，可多稱讚他引為自豪的過去；對人不妨語氣稍微誇張的讚揚他的創造才能和開拓精神，並舉出幾點實例證明他的確能夠前程似錦；對於經商的人，可稱讚他頭腦靈活，生財有道；對於漂亮的女孩，可以誇讚她的美貌；對於不漂亮的女孩，可以誇讚她的風度；同時見了漂亮和不漂亮的女孩，可以誇讚她們得體的服裝或者氣質風度。

多讚美那些需要讚美的人

值得一提的是，讚美人要特別注意對象。在現實生活中，最需要讚美的不是那些早已功成名就的人，而是那些因被埋沒而產生自卑感或身處逆境的人。他們平時很難聽一聲讚美的話語，一旦被人當眾真誠的讚美，便有可能振作精神，大展宏圖。因此，最有實效的讚美不是「錦上添花」，而是「雪中送炭」。

孩子更需要讚美和鼓勵

在教育子女這件事上，尤其需要讚美。很多人都說好孩子是誇出來的，這是有一定道理的。讚美和鼓勵的作用不可低估，這是培養孩子自信心，幫助他們取得進步和成功的首要環節。父母一句鼓勵的話，一個肯定的微笑，都會讓孩子感到被

認可的滿足，體驗到成功的快樂。

　　卡內基說過，使孩子發揮自己最大潛能的方法，就是讚美和鼓勵，尤其是來自父母的讚美。但是在日常生活中，父母常常會忽略對孩子的讚美，他們總是很容易發現孩子的缺點和不足，而忽視了孩子的長處和閃光點。其實讚美是一種極為有效的教育手段。及時讚美孩子學習中的每一個小進步，會激發起孩子對自己的信心，能對學習起到積極的推動作用。

　　讚美並不一定用那些固定的詞語，有時，投以贊許的目光，伸出拇指做一個誇獎的手勢，送一個鼓勵的微笑，也能收到意想不到的效果。

　　稱讚是人間最好的禮物。經常留意可以稱讚的好事，它會增強你的積極心態。你就會驚喜的發現，自己周圍有很多以前從沒注意到的快樂！稱讚別人是一個快樂的習慣！它也是一個人際關係技巧。

學會使用肢體語言

　　我們每一個人每天都會做成千上萬個肢體動作，有的是勞動工作運動所需要的，有的是我們身體自身的需要，而有些是一個民族的文化傳統，比如：握手、擁抱、敬禮、鞠躬、抱拳等等這些肢體語言已經是禮儀的象徵。你會用肢體語言表達你的意思被認為是有涵養的文明人，反之會被認為粗俗，沒有禮貌缺乏修養的人，會在工作中遇到不該有的麻煩。因此，肢體語言對於渴望成功做事的人來說，還是很重要的，應該學習和

掌握。

有專家研究說，溝通的百分之五十五是透過肢體語言進行的，百分之三十八是用聲音完成的，只有百分之七是用語言表達。從眼神、姿勢到距離，拿捏的適當交流會起到事半功半的效果。比如與人交談時，我們會用三種方式溝通：語言、聲音和肢體語言。由此可知，肢體語言非常重要，因此你有必要注意自己的肢體。

具體要注意哪些方面呢？

如果你與人交談時，要確保與對方的距離至少為半尺。不要表現得懶散沒有精神，要保持挺拔。微笑著。保持良好的眼神交流，但勿死盯住對方。雙手不要放在口袋裡面。雙臂不要交叉抱在胸前，這是個非常不友好的姿勢。

在這裡我想著重講一下眼神的重要性。曾有一個女孩去應聘工作，當時她家裡人不提倡她去上班，她自己也只是抱著試試的態度，結果真的失敗了。她很鬱悶，不是因為她很需要那份工作，她只是想知道這是為什麼失敗的。過了一段時間，她的一位好友被這間公司聘上了，她於是委託好友去問問應聘失敗的原因，答案令她吃驚：「眼神裡沒有求職的欲望！」她說：這位考官說得太對了，其實那正是她內心的體現。

一個眼神的傳遞，一個肢體動作，甚至比直接的語言更能把你的內心真正的想法表達出來。一些小的動作，一些隨意的壞習慣，就會導致失敗。

還記得「灌籃高手」中櫻木花道的絕招嗎？「用眼神殺死你」。如今，媒體上報導一個新聞，說有一個聾啞小偷為偷轎車內的挎包，不僅用眼神嚇人，還用眼神和肢體語言溝通作案。那小偷被抓後，竟這樣自述：「我們成也眼神，敗也眼神！」

除了眼神，音調也很重要。在交談中我們要避免這種小敗筆：在一句話的結尾處改變音調，將陳述句變成疑問句。當然，多數情況下人們不會誤解你的話，但這種語調卻讓人感到你信心不足。

如果你是透過電話交流，更要注意，必須帶著愉悅的笑聲，至少要在語氣裡充滿著笑意。笑聲可以使你在電話中的交流增添活力、熱情，使你的談話聽起來有一種要達到目的感覺。

同時，電話裡要放慢語速。保持語氣的平和、穩重、友好和專業。同時要掌握節奏：如果對方聽上去很急迫，你就適度放緩；如果交談內容冗長拖遝，你就加快節奏。注意聲調不要太高。

交流時，要使用他人能夠理解的詞彙。如果在場的所有人都能明白你的話，不妨簡略一些。避免使用方言和粗話。

交談時，要語句完整，正確使用語法。避免陳詞濫調。還有，一般不要用專業性的比喻或專業性的術語，除非對方對這些項目很熟悉。否則，你就像是對牛彈琴，並且會有疏遠聽眾的危險。

在這裡，我總結了幾個有代表性的細節，列出來請朋友們多關注：

一、握手

這是我們在首次見面和告別時的禮貌動作，也是重要的肢體語言。要根據不同的物件，握手的方式也不同。對同性的長輩，要先用右手握住對方的右手，再用左手握住對方的右手手背。實際上就是雙手相握，以表示對長輩的尊重和熱情。對待同齡人、晚輩、同性，只要伸出右手，和對方緊緊一握就可以了。對待異性，特別是男性和女性握手，只應伸出右手，握住對方的四個指頭就可以，有時女性對男性的反感就來源於「握」，有的用力全握，有的抓住不放，都是不禮貌的，都會給對方留下不好的第一印象。

二、手勢

我們每一個人在談話的過程中都會有不同的手勢，只是有的手勢是有助於我們表達的，有的會令人討厭。在生意談判時，最好不要出現用食指指點對方的手勢，這樣會讓對方非常反感，也不要講話時亂揮舞拳頭，這些手勢都是不禮貌的。

三、立姿

我們在工作或交往中，很多時候都需要站著和別人談話，可許多人站著不斷的搖晃肩膀，不斷的倒換雙腳，這些動作會讓別人感到你不耐煩，想儘快結束談話，也不禮貌。正確的做法是，像軍人稍息的動作，一腳稍微在前，一腳靠後為重點。比較穩重，盡量不要搖頭晃腦。

四、坐姿

在拜訪朋友或接待客戶時，坐姿是我們最常用的肢體語言，腿晃來晃去，會讓客戶非常反感，不禮貌不說，還很不穩重，引起客戶的不信任。有的女性，也採取男性的坐姿，有的穿著裙子還叉開著雙腿，這些也會讓客戶不舒服，影響形象，如果對方也是位女性，十有八九，業務談不成。因為女性更討厭女性的不端莊。

五、鞠躬

如果你是推銷員，到客戶公司去拜訪客戶，看見辦公室有幾個人，理都不理的坐下，也是很不禮貌的，這一點我們應該向日本人學習，向大家鞠個躬，問聲大家好！我想就是由於你的禮貌，其他人也會說明你拿下訂單的。一般在面對幾個人時，學會鞠躬是不錯的銷售肢體語言。

六、點頭

在許多場合點頭微笑，也是溝通的最好肢體語言。比如：在會場，在飯廳，在辦公室正在談話，你都可以用點頭的肢體語言表示自己的問候。

以上介紹了六種常見的肢體語言，實際上，只要我們和人交往，與人溝通，每時每刻都會用到肢體語言，只有不斷的提高自己的修養，注意生活中的細節，別擔心，我們會讓自己變得優雅起來。

第九章　手腕多一點，操縱他人心想事成

—— 沉靜內斂，不露聲色

有人說，頭腦聰明不是做人的唯一資本，手裡有錢亦不是做事的全部資本。做事，是一門學問，如果一個人能在紛繁的環境中，措置裕如的駕馭人生局面，使其在做事中做到逢凶化吉，遇難呈祥，並把不能的事變為可能，最後達到成功，那麼他一定是一個懂道理、會做事的人。我們稱這樣的人是有「手腕」的人。縱觀古今，博覽中外，我們不難發現，不論是政壇菁英，還是商界鉅子；不論是高官賢達，還是市井百姓，那些能成就一番事業的人，他們都是做人有「心眼」、做事有「手腕」的人。

先下手為強

如果留心觀察一下那些優秀的人，就會發現他們做事大都多謀善決，雷厲風行，從不拖泥帶水。這樣的人工於心計，懂得做事要先下手為強，所以他們勇往直前，想得到便做得到，從不落人之後，也只有這樣做事的人才能真正成功。

現在不再是「大」吃「小」的時代，而是「快」吃「慢」的時代。大家都在追求速度，只有具備比競爭對手更快的速度，才能獲得真正的價值和額外的利潤。

在廣袤的非洲大草原上，有一隻羚羊，每天早上醒過來的時候，都意識到自己必須得比跑得最快的獅子還要快，否則就會被獅子吃掉；還有一隻獅子，每天早上醒過來的時候，也意識到自己必須比跑得慢的羚羊跑得再快一些，不然就會餓死。

你是獅子還是羚羊都無關緊要，關鍵的是，每當太陽升起的時候，你必須快跑！

「先下手為強，後下手遭殃」，乃兵家用語。但事實上，在現實生活中，這句話也是很有實用價值的。佐佐木沒有「先下手」的話，就難有後天的成就了。俗話說：「機不可失，時不再來」，機會擺在面前，你不先下手的話，別人就會搶先一步，而只有搶到機會，把握機會的人才會成功。

一九七四年，以生產安全刀片而著稱於世的美國吉列公司，做出了一個「荒唐」的舉動──推出面向女性的雛菊牌專用「刮毛刀」，結果一炮打響，暢銷全美國。銷售額已達二十億

美元的吉列公司又發了一筆「橫財」。這不是偶然，也不是巧合，更不是瞎貓碰上死老鼠。吉列公司雛菊牌刮毛刀的成功完全是建立在精心周密的市調查基礎之上。一九七三年，吉列公司在市場調查中發現，美國三十歲以上的女性有八千三百六十萬位，大約有六千四百九十萬人為了保持自身的美好形象，要定期刮除腿毛和腋毛，這與她們的衣著趨於較多的「暴露」不無關係。

調查者發現：在這些婦女中，除約有四千多萬人使用電動刮鬍刀來美化自身形象，一年的費用高達七千五百萬美元。這可不是一個小數目的開銷，絲毫不亞於女性在其他化妝品上的支出。比如，美國婦女花在眉筆和眼影上的錢僅有六千三百萬美元，染髮劑五千九百萬美元，染眉五千五百萬美元，不言而喻，這些費用與刮胡刀的潛在市場相關，誰能搶先發現它，開發它，誰將獲利。這就是他們善於觀察商機，並且很快行動，使他們獲得了豐厚的利潤的原因。

做事就是這樣，如果你行動不夠迅速，別人就會搶先一步，想把事情做好，就必須行動迅速，先下手為強，把辦事的主動權先握在自己手裡。

做生意如此，學習、工作也是如此。做事拖拖拉拉的，絕不是個好習慣。其實，每個人身上都有惰性，如果事情不著急，就老想往後拖，以後再說。每個人的學習、工作都很忙，有時緩一緩再做有助於調節緊張的神經，但是如果凡事都要

「以後再做」，往往會影響以後的工作，結果導致計畫落空，生活一片混亂，自責、後悔、煩躁的情緒也會隨之而來。影響了自身的進步不說，還容易由於混亂而不能發揮應有的能力。

做事就是這樣，如果你不下手，別人就會搶先一步，想把事情做好，一定要多想點心計，先下手為強，把辦事情的主動權握在自己的手中，並且要改變優柔寡斷的性格，看準了，考察清楚了就要立刻行動，不要等機會溜走了再後悔。機會是留給有準備的人，成功屬於馬上行動的人。

不妨假手於人

所謂「假手於人」，即自己難以做成的事情，便利用他人的力量，去戰勝對手，自己不動干戈，坐享其成。

大家都知道，大海浩瀚無窮，大海裡的動物不計其數，像海參和虎鯨一樣擁有高超本領的動物數不勝數。其中，舟鰤（又名嚮導魚）就以一套相當出色的本領來適應這個競爭激烈的生存環境。比起海參和虎鯨來，它也毫不遜色。

舟鰤體長三十公分左右，在海洋魚類中牠是弱者，然而，這樣弱小的牠們卻是肉食魚。在長期的進化中，舟鰤與號稱「海上魔王」的鯊魚結為「盟友」。只要看到鯊魚覓食時，舟鰤便成群結隊的追隨左右，為鯊魚準確無誤的提供魚群集結的資訊。鯊魚用餐時，舟鰤就輕輕鬆鬆的享受鯊魚棄漏的食物殘渣。有時，牠們甚至還會鑽進鯊魚的口腔，為鯊魚清理牙縫裡的殘屑。

無獨有偶，非洲叢林中也有一種借助其他動物幫忙覓食的小鳥。這種小鳥名叫指示鳥。牠之所以叫這個名字，是因為牠非常喜歡吃蜂蜜和蜜蜂的幼蟲，而自己勢單力薄，只好給同樣愛吃蜂蜜的蜜獾帶路，讓蜜獾去搗毀蜂巢。蜜獾在指示鳥的示意下找到蜂巢後將其搗毀，飽吃一頓後心滿意足的離去。直到這時，一直等候在旁的指示鳥迅速飛向蜂巢，從容不迫的享受這份美餐。

舟鰤和指示鳥的這種本領跟人類發明的「三十六計」中的第三計「借刀殺人」如出一轍。借刀殺人亦作「假手於人」，一般為封建官僚之間爾虞我詐、相互利用的一種政治權術。在軍事上，此計主要特徵是透過利用第三者的力量（也有的是利用或製造敵人內部的矛盾），從而達到取勝的目的。如果不加以分析，識別這一計謀的話，就很容易處於被動地位，甚至上大當，吃大虧。

在複雜的軍事爭中，智高一籌的謀略家，為了達到「冰不鈍而利可全」的目的，常常採取假手於人之術，利用外力去擊敗對手。

春秋時期，鄭桓公意欲襲擊鄶國。他首先並不出兵作戰，而是派人摸清鄶國所有本領高強的文臣武將的名字，然後大肆宣揚，說一旦攻下鄶國，將分別給這些文臣武將封官晉爵，並冊封鄶國的土地給他們。與此同時，他煞有介事的命人設祭壇，把打聽來的那些文臣武將的名單埋在壇下，並對天盟誓，

絕不虧待這些人。鄶國國君是個頭腦簡單的人。他聽到鄭桓公的這些舉動後，氣急敗壞，堅信這些文臣武將已經叛變，於是把他們統統殺掉了。鄭桓公要的就是這個結果。見狀，他立即舉兵，輕而易舉的滅了鄶國。

　　春秋末期，齊簡公意欲興兵伐魯。魯國實力不濟，形勢萬分危急。孔子的弟子子貢審時度勢，認為眾國之中，惟吳國實力與齊國相當，只能借助吳國兵力來挫敗齊國軍隊。當時齊相名叫田常，正蓄謀篡奪王位，急於剷除異己。子貢認為此乃天賜良機，便去遊說田常。他對田常說，進攻弱小的魯國只能讓異己擴大勢力，最好的辦法是攻打強大的吳國，這樣就可以借吳國之手剷除異己。田常覺得有道理，但此時齊國已經作好攻打魯國的戰略部署，倘若轉而攻打吳國，恐怕師出無名。子貢見田常猶豫不決，便說自己可以去勸說吳國來救魯伐齊，這樣，齊國就有了攻打吳國的理由。見田常安下心來，子貢立即馬不停蹄的趕往吳國，對吳王夫差曉以利害。他說，如果齊國攻打魯國成功，必然會將矛頭指向吳國。大王不如先下手為強，趁此良機，聯合魯國攻打齊國。倘若如此，吳國就完全可以抗衡強大的晉國，成就霸業了。子貢為了解決吳王後顧之憂，又趕往趙國，說服其出兵，與吳國一道伐齊。聰明的子貢成功遊說三國，達到了預期目標。他又考慮到，倘若吳國戰勝齊國後反過來要脅魯國呢，那魯國仍將危在旦夕，不得解脫。於是，他又悄悄的趕往晉國，以遊說吳國的方式來勸說晉定

公，務必加緊備戰，否則實力增強的吳國隨時都有可能來進犯。

一切都在子貢的預料之中。西元前四百八十四年，吳王夫差親自掛帥，出兵攻打齊國，魯國派兵助戰。齊軍中吳軍誘敵之計，主帥及幾員大將戰死。齊國大敗，只得請罪求和。夫差大獲全勝之後，驕狂已極，立即移師攻打晉國。誰知晉國早有準備，吳軍被擊退。子貢充分利用齊、吳、越、晉四國的矛盾，巧妙周旋，借吳國之「刀」，擊敗齊國；借晉國之「刀」，滅了吳國的威風。魯國最後損失微小，終於從危難中解脫出來。

三國時諸葛亮也曾成功運用此計。他獻計劉備，聯絡孫權，有名的赤壁之戰就是蜀國利用吳國兵力，大敗曹軍。

努爾哈赤父子意欲取代明朝，但他們父子均不敵明將袁崇煥，慘敗。努爾哈赤因此受傷，鬱鬱而亡。皇太極繼位後的第二年便率部出擊，再次兵敗而歸。

明崇禎三年，皇太極再次進攻明朝。為避開袁崇煥，皇太極於內蒙古越長城，攻打山海關的後方，長驅而入。袁崇煥聞報，立即日夜兼程，搶在滿軍前三天抵達京城的廣渠門外，迎頭痛擊皇太極的先鋒部隊，使其狼狽而逃。

幾次兵敗袁崇煥之手，皇太極對他恨之入骨。為了除掉這心腹大患，他祕密派人用重金賄賂崇禎皇帝身邊的宦官，密告崇禎說，滿軍之所以能夠深入內地，是因為袁崇煥早已私底下與其訂下密約。崇禎素來心胸狹隘，聞聽此言，不顧將士和民眾的請求，立即將袁崇煥下獄問罪，隨後將其斬首。袁崇煥一

除，皇太極再無強勁對手，便更加肆無忌憚起來，終於成就了自己的霸業。

捨卒保車為大謀

下棋時，棋手會先放棄沒用的廢棋，在必要時「捨卒保車」，關鍵時要「忍痛割愛」，當然也會因為自己的失誤而錯失好棋。高明的棋手很會運籌帷幄，能充分發揮每個棋子的作用，懂得把棋子放在合適的位置，讓每個棋子各得其所。所以高手才能出師告捷，事事成功，從而獲得操控更大棋局的機會。會不會走棋，懂不懂棋子的妙用是棋手的制勝法寶。

兩害相權取其輕，兩利相權取其重。捨卒保車是一種深遠的謀略，從糊塗學的角度來看，就是一種以屈求伸、以退為進的策略，是一種寬容的智慧。如果貪圖一時的小利，就可能會失去更多的、長遠的利益。如果注重眼前的小利，那滅亡之日就近在咫尺了。被眼前的微小的利益所蒙蔽，不辨輕重、主次，看不到隱藏在小利後面的危害，這是失敗的根源。小利益小包袱不丟，就會因小失大，把事情搞砸讓能成的事變得不能成或難成。因此，每個人都要懂得吃虧是福，吃小虧為的是占大便宜。

史料記載，鄭板橋由范縣調署濰縣後，接到一封緊急家書。拆開一看，是鄭墨寄來的。信中說，為了祖遺房產中一段牆基，他正跟一家鄰居訴訟。深望兄長以同僚名義，去函興化知縣，以人情相托，好將官司打贏。鄭板橋把信看完，即賦詩

回書：「千里捎書為一牆，讓他幾尺又何妨？萬里長城今猶在，怎麼不見秦始皇？」稍後，他在另兩張紙上，各寫了四個字：「吃虧是福」、「難得糊塗」。並加注道：「聰明難，糊塗難，由聰明轉入糊塗更難。放一著，退一步，當下心安，非圖後來福報也。」

正所謂吃小虧等於占大便宜。在《紅樓夢》中的王熙鳳，很聰明，但都是小聰明，以至於她在「算來算去算自己」。

而真正聰明的人是大智若愚，如劉備，看起來似乎這種人文不能文，武不能武，就這樣一個百無用處的人為什麼會令許多人為他賣命呢？諸葛亮淚灑《出師表》、關雲長千里走單騎、趙子龍在百萬軍中救阿斗，他們為什麼要為劉備這麼做呢？──這就是劉備的聰明所在。他善於以吃虧來贏得人心。

吃虧有時就是一種放棄。懂得放棄是一種智慧，有放棄才會有成就。陶淵明不為五斗米而折腰，果斷的放棄了官場的生活，毅然的「歸去來兮」，「採菊東籬下，悠然見南山。」遂成為田園派詩歌的開山鼻祖；李白不願「摧眉折腰事權貴」，於是「明朝散發弄扁舟」、「且放白鹿青崖間」，遂有一代詩仙之稱；岳武穆少年棄家從軍，拋棄身家性命、個人榮辱而不顧，終致「經年塵土滿征衣」、「八千里路雲和月」，並創立了「撼山易，撼岳家軍難」的抗金軍隊，才得以功垂史冊、千古流芳；魯迅先生深為愚昧的國民精神而痛心，毅然的放棄學醫，拿起筆來，為喚醒國民的靈魂，投身到反封建的行列中來，成了勇敢的鬥士……

放棄是一種美，學會放棄，也是為了博取更多的價值。

一個渴望成功做事之人，浮視於富貴功名，才不致使自己屈從於功名富貴；將金錢利益看得很輕，才不致使自己成為金錢的奴隸；將物質享受看得很輕，才能不致使自己貪圖享受。一個人只有不貪圖享受，不為個人私利蒙蔽雙眼，才能有所成就，才能讓所有的人為之感動。

由此可見，在「捨」和「得」之間，各人有各人的緣法，各人有各人的選擇。重要的是，必要時「捨卒保車」，關鍵時要懂得「忍痛割愛」。其實，許多時候的煩惱和困惑都源自「貪心」二字，總想選擇最好的，卻忘了「選擇最適合自己的」這個淺顯的道理。由此可見，「卒」和「車」具體到各人來說是相對而言的。

網路上的一份問卷調查表明：超過百分之九十的人認為，自身能力成長的機會和自身社交圈發展的機會，遠比單純的報酬更重要。這是令人高興的，這足以說明，當代人看問題都有了發展的眼光，都懂得棄小利能為大謀。要想做事成功，就要有這種遠見卓識。

請將不如激將

一位人力專家老師說：人力資源管理中，管人有一種辦法叫做「軟硬兼施」。

硬的管理，就用制度，它是一個企業、單位的硬規則，大家就要按照它去做事，企業或者單位才不亂套。一個沒有制度管理的企業，必然會出現很多亂子，企業必定會出問題。但

是，只有硬的制度，嚴格按照制度辦事，有時候也會出現單位運行的「僵化」，這可是企業或者單位的硬傷。因為，什麼都在變，制度短時間不會變。

於是，就需要制度之外的「軟」的東西 ——「文化」管人、管事，這是企業管理的最高境界，它是企業或者單位人公認的規則，人們內心遵守的制度，也許是一種理念、一種氛圍，人們自覺去做事的「規則」，它可以管理制度不能達到的地方，我們叫做「企業文化」。但是，僅有這個也不行。因為，這種文化，只能管住「君子」，而管不住「小人」。

這就是說，要管好人，需要硬的制度，也需要軟的文化。

做事和管人一樣，也要軟硬兼施，軟的不行就來點硬的，硬的不行就來點軟的，總之都是為了達到目的，為了做好事，做成事。

三國時，諸葛亮奉劉備之命到達江東勸說孫權共同抗曹，魯肅帶他前去會見孫權。諸葛亮見孫權碧眼紫髯，一表人才，自知難以用言語說動，便打定主意要用言語激他。

寒暄之後，孫權問道：「曹兵共有多少？」諸葛亮答：「馬步水軍，共一百餘萬。」孫權不信。諸葛亮說：「曹操在兗州時，就有青州軍二十萬；平定河北，又得五六十萬；在中原招新兵三四十萬，現在又得荊州兵二三十萬：如此算來，曹兵不下一百五十萬。我只說一百萬，原因是怕驚嚇了江東之士。」魯肅聽後大驚失色，一個勁向諸葛亮使眼色，諸葛亮卻裝看不見。

　　孫權又問：「曹操部下戰將，能有多少？」諸葛亮說：「足智多謀之士，能征慣戰之將，不下一兩千人！」孫權道：「曹操有吞併江東的意圖，戰與不戰，請先生為我下決心。」諸葛亮說：「曹操取得了官渡之戰的勝利，又新破荊州，威震天下，現在即使有英雄豪傑要與他抗衡，也沒有用武之地，所以劉豫州才逃到這裡。希望將軍您量力而行：如果能以吳、越之眾與他抗衡，就不如早一點與其絕交；如果不能，為什麼不依眾謀士的主張，向他投降呢？」

　　孫權道：「就如您所說的，那麼劉豫州為什麼不投降曹操呢？」

　　諸葛亮說：「當年的田橫，不過是齊國的一名壯士罷了，尚能篤守節義，不受侮辱，更何況身為王室之冑、英才蓋世、眾士仰慕的劉豫州。事業不成，這是天意，又豈能屈處人下？」

　　孫權聽了，不禁勃然大怒，退入後堂。眾人都笑諸葛亮不會說話，一哄而散。魯肅則一個勁埋怨諸葛亮，批評他藐視孫權。諸葛亮笑道：「我自有破曹良策，你不問我，我豈能說？」魯肅聽罷，趕緊跑到後堂告訴孫權。孫權回嗔作喜，又出來與諸葛亮相見，並設酒宴款待。經諸葛亮一番實事求是的分析，孫權果然進一步堅定了抗曹決心。

　　周瑜是江東主戰派的核心。但是，他在與諸葛亮相見時，卻故意反說宜降不宣戰。魯肅不知是詐，與周瑜當面爭辯起來。諸葛亮裝作主張投降的樣子，然後說：「我有一計，既不

必牽羊擔酒，納土獻印，也不必親自渡江；只要派一名使者，送兩個人到江北給曹操，百萬大軍就會卷旗卸甲而退。」周瑜問道：「用哪兩個人？」諸葛亮說：「我在隆中時，就聽說曹操在漳河新建了一座十分壯麗的樓臺，稱之為「銅雀臺」，並且廣選天下美女置於其中。曹操原本就是個好色之徒，他很早就聽說江東喬公有兩個女兒，長曰大喬，次曰小喬，都有沉魚落雁之容，閉月羞花之貌。曹操曾經發誓說：「我一願掃平四海，以成帝業；一願得江東二喬，置之於銅雀臺，以樂晚年。如此，雖死也沒有什麼可恨的了。」可見，他率百萬雄兵，虎視江南，其實不過是為得到這兩個女子。將軍何不去找那喬公，用千金買下這兩個女子，派人送給曹操。曹操得到她們之後，心滿意足，必然班師回朝。」周瑜道：「曹操想得到二喬，有什麼證驗沒有？」諸葛亮說：「曹操的小兒子曹植，下筆成文。曹操曾經命他寫了一篇《銅雀臺賦》。賦中的意思，單道他家合為天子，誓娶二喬。」周瑜道：「先生還能記得這篇賦嗎？」諸葛亮說：「我愛其文采華美，曾經把它背了下來。」說完，當即將《銅雀臺賦》背誦了一遍。其中「攬「二喬」於東南今，樂朝夕與之共」一語，果然是想要得到江東二喬的意思。周瑜聽罷大怒，站起來指著北方大罵道：「老賊欺人太甚！」諸葛亮連忙勸阻說：「當年漢朝皇帝曾以公主和親，今天為了退敵，這民間的兩個女子有什麼可惜的呢？」周瑜道：「先生有所不知，大喬是孫伯符（即孫策，孫權之兄，其時已死）之婦，小喬乃周瑜之妻。」諸葛亮

佯裝惶恐道：「我確實是不知此事，矢口亂說，死罪死罪！」周瑜道：「我與老賊勢不兩立，希望先生助我一臂之力。」於是，二人遂訂下聯合抗擊曹軍的大計。

　　諸葛亮在這裡採用的就是兵書上說的「激將法」，他知道，不管怎樣請都是請不動孫吳的，那麼，請不動就激一下試試，果然生效。激將法是人們熟悉的計謀形式，既可用於己，也可用於友，還可用於敵。激將法用於己的時候，目的在於調動己方將士的殺敵熱情。激將法用於盟友時，多半是由於盟友共同抗敵的決心不夠堅定。諸葛亮對東吳用的便是此計。激將法用於敵人時，目的在於激怒敵人，使之喪失理智，做出錯誤的舉措，以己方以可乘之機。

　　俗話說：「樹怕剝皮，人怕激氣。」孟子說過：「一怒而天下定。」這怒因刺激而起，勇氣也從膽中生，可見這「激」的功用。所謂「激將」，是指對人而說，即激發人的勇氣，替自己去執行任務。對個人來說是挑撥，對團體來說是煽動，手段不同，目的一樣。下面這則故事也許很有啟發：

　　從前，有一個人特別愛吃熟透的柿子，但熟透最甜的柿子一般都在樹的頂端，為了達到目的他不得不冒著危險上到樹的最高處採摘，因為頂端的樹枝較細，一根樹枝折斷了他失足跌了下來，幸運的是他及時抓到了一根樹枝，他吊在這根樹枝上，上也上不去，下也下不來，同行的村民趕快找到了梯子和竹竿，但因為過高卻無濟於事。

　　這時，只見一位被人們稱作智者的老者撿起一個石子，朝吊在樹上的人投去，大家不解的看著智者，吊在樹上的人更氣得大叫「你瘋了，想讓我摔下去嗎？」智者不語，又撿起一個石子投了過去，這時吊在樹上的人變得狂怒：「等我下來一定給你點顏色瞧瞧！」不可思議的是，智者第三次撿起石子朝那個人投去，而且這次比上兩次出手更重，吊在樹上的人忍無可忍，感到不下來出這口惡氣就枉為男人。在這種想法的激勵下，他用盡全身力氣，調動每一根神經，終於夠到了更粗的樹枝，當他安全的爬下樹時，被稱為智者的老者已不見蹤影。

　　有人忽然悟出了其中的奧妙：「其實唯一給你幫助的人正是老者，正是他的反常舉動激怒你，才是你發揮超乎尋常的潛在能力，爆發出戰勝困難的勇氣。」

　　古代有很多激將法戰例，三十六計中把激將法列為第七，體育比賽中教練常用激將法激勵自己隊員，同時激怒對方球員讓他陷入犯規的旋渦中。任何事物都是一分為二的，許多事業因一怒而成，也有無數壞事起於一怒之差。所以，運用好激將這把雙刃劍，不但能激發潛能，而且也能讓對手陷入圈套。

欲擒故縱踢軟肋

　　在政治鬥爭、軍事鬥爭，以及日益激烈的經濟競爭中，欲擒故縱之計是經常被高明的決策者所採用的，且勝算機率極高。《戰國策魏策一》：「《周書》曰：「將欲敗之，必姑輔之；將欲取之，必姑予之」。」這是一種暫時讓步，等待進攻的策略。

　　當條件不具備時，要想奪取或保存某種東西，必須暫時交出或放棄它，等待時機，創造條件，最後再把它奪回來。「取」是目的，「予」是手段，「予」是為了「取」。一切的「予」，都是以「取」為前提的，都要看對大局是否有利。在我們的實力尚處於劣勢的條件下，為了調動對手、戰勝對手，不計較一城一池的得失，這種以最終打敗對手為主的放棄是為了更牢固、更長久的占領。將欲弱之，必固強之。

　　許多血淋淋的事實告訴我們：在許多時候，不是你死，就是我亡。想活命必須出拳比別人更快、更狠。當事關生死時，只能向對方讓步。

　　戰國時，齊人張醜成為燕國的人質。由於兩國關係緊張，燕國人就想把張醜殺了。張醜得知後立即逃走，但還沒逃出燕國，就被燕國一官吏抓住了。張醜見硬拼不行，急中生智說：「你知道燕王為什麼要殺我嗎？因為有人跟燕王說我有許多財寶，其實我並沒有什麼金銀財寶，燕王又不信我。」張醜接著又說：「我被你捉到了，你有什麼好處？」「燕王懸賞一百兩黃金捉你。」「那你肯定拿不到銀子了！你要是把我交給燕王，我就對燕王說，你獨吞了我所有的財寶。燕王聽到後一定會找你要財寶，你拿不出，到時候你陪我一起死吧！」張醜邊說邊笑。官吏聽完心就慌了，越想越害怕，最後只好把張醜放了。

　　張醜成功的原因在於找準了這個官吏貪財怕死的心理弱點，詳細分析了利害關係然後一擊而中，憑著自己的三寸不爛

之舌死裡逃生。

東周時期，鄭莊公克段於鄢的故事幾乎盡人皆知。鄭莊公對同胞兄弟共叔段企圖裡應外合、篡奪政權的陰謀本已覺察，而他不但不予制止，反而許之封地築城，對共叔段一系列準備工作置若罔聞。其母姜氏請求封其弟共叔段於京地。公子呂諫阻，莊公卻故作姿態，說：「母親姜氏希望這樣，不滿足她的要求就不得安寧。」有人報告說，共叔段正招兵買馬，訓練卒乘，他故意說共叔段為鄭國操練兵馬，勞苦功高；有人稟報說，共叔段占領了京城附近的兩個小城，公子呂請莊公出兵討伐，他卻說：「多行不義必自斃，子姑待之。」直到共叔段和其母的陰謀充分暴露，鄭莊公才說：「可以收拾他們了。」然後周密布置，在共叔段與其母姜氏舉事之時採取果斷措施，挫敗了共叔段的奪權陰謀，逐共叔段出國，流放姜氏於城潁。

歷史上的「七擒孟獲」故事，更顯示了欲擒故縱之術的高明：

蜀漢建立之後，定下北伐大計。當時西南夷酋長孟獲率十萬大軍侵犯蜀國。諸葛亮為了解決北伐的後顧之憂，決定親自率兵先平孟獲。蜀軍主力到達瀘水（今金沙江）附近，誘敵出戰，事先在山谷中埋下伏兵，孟獲被誘入伏擊圈內，兵敗被擒。

按說，擒拿敵軍主帥的目的已經達到，敵軍一時也不會有很強戰鬥力了，乘勝追擊，自可大破敵軍。但是諸葛亮考慮到孟獲在西南夷中威望很高，影響很大，如果讓他心悅誠服，

主動請降，就能使南方真正穩定。不然的話，南方夷各個部落仍不會停止侵擾，後方難以安定。諸葛亮決定對孟獲採取「攻心」戰，斷然釋放孟獲。孟獲表示下次定能擊敗你，諸葛亮笑而不答。孟獲回營，拖走所有船隻，據守瀘水南岸，阻止蜀軍渡河。諸葛亮乘敵不備，從敵人不設防的下流偷渡過河，並襲擊了孟獲的糧倉。孟獲暴怒，要嚴懲將士，激起將士的反抗，於是相約投降，趁孟獲不備，將孟獲綁赴蜀營。諸葛亮見孟獲仍不服，再次釋放。以後孟獲又施了許多計策，都被諸葛亮識破，四次被擒，四次被釋放。最後一次，諸葛亮火燒孟獲的藤甲兵，第七次生擒孟獲。終於感動了孟獲，他真誠的感謝諸葛亮七次不殺之恩，誓不再反。從此，蜀國西南安定，諸葛亮才得以舉兵北伐。

打仗，只有消滅敵人，奪取地盤，才是目的。如果逼得「窮寇」狗急跳牆，垂死掙扎，方損兵失地，是不可取的。放他一馬，不等於放虎歸山，目的在於讓敵人鬥志逐漸懈怠，體力、物力逐漸消耗，最後己方尋找機會，全殲敵軍，達到消滅敵人的目的。諸葛亮七擒七縱，決非感情用事，他的最終目的是在政治上利用孟獲的影響，穩住南方在地盤上屢次乘機擴大疆土。通常情況下，抓住了敵人不可輕易放掉，以免後患。而諸葛亮審時度勢，採用攻心之計，七擒七縱，主動權操在自己的手上，最後終於達到目的。這說明諸葛亮深謀遠慮，隨機應變，巧用兵法，是個難得的軍事奇才。

　　兩晉末年，幽州都督王浚企圖謀反篡位。晉朝名將石勒聞訊後，打算消滅王浚的部隊。王浚勢力強大，石勒恐一時難以取勝。他決定採用「欲擒故縱」之計，麻痺王浚，他派門客王子春帶了大量珍珠寶物，敬獻王浚，並寫信向王浚表示擁戴他為天子。信中說，現在社稷衰敗，中原無主，只有你威震天下，有資格稱帝。王子春又在一旁添油加醋，說得王浚心裡喜滋滋的，信以為真。正在這時，王浚有個部下名叫游統的，伺機謀叛王浚。游統想找石勒做靠山，石勒卻殺了遊統，將遊統首級送給王浚。這一著，使王浚對石勒絕對放心了。

　　西元三一四年，石勒探聽到幽州遭受水災，老百姓沒有糧食，王浚不顧百姓生死，苛捐雜稅，有增無減，民怨沸騰，軍心浮動。石勒親自率領部隊攻打幽州。當年四月，石勒的部隊到了幽州城，王浚還蒙在鼓裡，以為石勒來擁戴他稱帝，根本沒有準備應戰。等到他突然被石勒將士捉拿時，才如夢初醒。王浚中了石勒「欲擒故縱」之計，身首異處，美夢成了泡影。

　　戰爭如此，經商做事也莫不如此。在商戰中，採取欲擒故縱戰術的要旨是先迎合對方的心理和興趣，從情感上使其對己產生親切友善的心態，縮短雙方的對立心理，使對方放鬆戒備，然後突然逆轉，順勢擒住對手。

　　生活中，其實也並沒有什麼真正的敵人，但我們會遇到一些固執的「蹶驢」，不僅不通情面，做事認死理，這時候，一定要找準他們的「死穴」，飛起一腳狠狠踢過去。

要想抓住對手的軟肋，就得先了解對方。「知己知彼」才能大獲全勝。同樣，在你沒有摸準對方的情況之前，千萬不要貿然行動，否則，「打草驚蛇」，讓對方有所戒備，你也就不會找到合適的機會容易下手了。而你也得確定自己是否有這個能力去「踢」人家，不要做「螳臂當車」的蠢事，自取其辱。

「縱」是「擒」的手段，「擒」是「縱」的目的。如果「縱」之後不「擒」，那是白「縱」；如果「縱」的程度過寬，就有「放虎歸山」之嫌，後患無窮；如果「縱」之後不看準軟肋下狠腳，也難以獲得成功。

火中取栗不燙手

在這個世界上，有一種人促使事情發生，另一種人觀看事情的發生。想必每個人都希望在最大限度上控制事情的進行，千方百計讓事情朝著自己期望的方向發展。而要心想事成，一些做事的謀略是必不可少的。

據傳，袁紹在倉亭被曹操大敗後，去冀州養病，因為心情憂鬱，終於得病身亡。臨死前，他立小兒子袁尚為繼承人，委任為大司馬將軍。曹操這時鬥志昂揚，親自率領大軍前去討伐袁氏兄弟，意圖一舉平定河北。曹軍勢如破竹的攻克黎陽，很快便兵臨冀州城下。袁尚、袁譚、袁熙、高於等帶領四路人馬合力堅守，曹軍攻打多次不能奏效。

這時，曹操心中不快，謀士郭嘉說：「袁紹廢除長子繼承權，立小兒子為頭兒，兄弟及各死黨之間的權力鬥爭是不可避

免的，我們急攻，他們會團結相救；我們緩攻，他們就會相互火拼。還不如撤回軍隊到南面去進攻荊州劉表，等候他們袁氏兄弟之間的內杠。他們內部發生事變，我們再一舉而攻之，不費吹灰之力即可平定河北。這個辦法叫做「隔岸觀火」。」

曹操聽了覺得很有道理，便留下賈詡守衛黎陽，曹洪守衛官渡，自率主力南征劉表去了。

果然，曹操撤軍不久，長子袁譚不服死去父親袁紹的安排，同袁尚為爭奪繼承人位置動起刀槍，互相殘殺。袁譚打不過袁尚，便派人向曹操求救。曹操再次出兵北進，殺死袁譚，打敗袁熙、袁尚，很快占領河北。

袁熙、袁尚被打敗，又逃往遼東投奔了公孫康。夏侯惇等人對曹操勸道：「遼東太守公孫康，久不臣服。今兩袁前去，如虎添翼，是個後患。不如乘勝追擊，占領遼東。」

曹操笑道：「不必麻煩諸位將軍了。幾天後，公孫康自會送來兩袁的頭顱。」諸將都不相信。沒過幾天，公孫康果然獻來了兩袁的頭顱。眾人大驚，佩服曹操料事如神。曹操卻說：「果然不出郭嘉所料！」

原來，郭嘉前不久病死，死前曾寫了封密信交給曹操，信中說：「兩袁投奔公孫康，您切不要去進攻。因為公孫康一直忌怕袁家吞併遼東，二袁去投奔，他是心有疑慮的。如果丞相去進攻，公孫康就會借助二袁之力拼力抵抗，急切間攻不下來。如果暫時緩兵不動，公孫康與二袁必相火拼，您就可以一舉平

定了。」

大家見了郭嘉的親筆信後，紛紛驚贊道：「這是又一次「隔岸觀火」！郭嘉真是天下奇才，可惜死得太早了。」曹操聽了傷感不已。

因此，如果要打擊並消滅敵人，不能盲目的趁火打劫，要先觀望，看火勢發展，等待火勢蔓延，從內部燒垮敵人的有生力量，坐收漁利，這才是隔岸觀火的精髓。「隔岸觀火」也並非全然「坐觀」，等到時機一成熟，就要由「坐觀」轉為「出擊」。

在現代經商賺錢的經營活動中，利用此計主要是在海內外市場激烈的競爭之中，採取靜觀其變的態度，等待有利的時機一舉加入，趁機占領市場。可見，運用隔岸觀火之計不應是消極等待、觀望，而是要充分掌握競爭對手的矛盾，加速對策兩極轉化，取得成功。

曹操想平定河北，就好比想吃香噴噴的栗子，栗子好吃，就會有人去火中扒，因為有利可圖，就得競爭。如果是你，在競爭之時，一定要學會火中取栗怎樣才能不燙手。

因為，無論做任何事，不怕趕得早，只求趕得巧。要想自己正好趕「巧」，就得動心思，用計謀，於今人與人之間的競爭，除了實力的競爭外，還有手腕的競爭。

在生活中，看見了香噴噴的栗子，生起競爭的意識而想去得到栗子，無可厚非。但同時也要明白，你在想得到栗子的同時，他人同樣在嚮往。然而，要想得到栗子並非必須要頭一個

就去扒，在要冒一定風險的時候，不如隔岸觀火，暫時觀望著別人的行動，等待時機到來的時候，栗子就非你莫屬了。

牽鼻子勝過拽胳膊

打蛇打七寸，凡事抓要害！

任何事情都有一個關鍵：你要解決什麼？也就是這件事的目的是什麼？我們每次遇到事情，都會做出直接反應。也就是我們的解決方法！其實不然，我們要透過現象看本質，抓住事情的核心要素。

比如：我要吃飯。其實我們往往直接認為目的是吃飯。而其實吃飯背後有更多層的意義。最基本的是解決飢餓的問題。這個標準是飽；不餓吃飯，那吃的是味道和感覺；如果是朋友吃飯，核心是加深感情，要增加開心；如果是請客戶吃飯，你的目的是談生意；如果請家人吃飯，那可能是為了去享受和關心！……所以在面對不同的物件和場合時，我們的解決問題的核心是不一樣的，也就要求我們抓住真正的核心去解決事情！

無論做什麼事，都要抓住核心，直擊要害，不去兜無謂的圈子。沒有累贅，才不會誤事。

一頭碩大水牛，怎樣驅使它去耕田？自古以來，都是刺穿它的鼻子，繫上鼻環，用繩子牽著鼻環，牛因鼻痛，乖乖的聽人使喚。因此，俗語說：「牽牛要牽牛鼻子」，即辦事情要抓要害。

石油大王洛克斐勒 (John Davison Rockefeller) 把煉油事

業做大以後，大家就開始排擠他，敵對陣線相當強大，從採油的到煉油的，外加社會輿論，壓得他喘不過氣來。這個矛盾亟待解決，最後，他採取了「擒賊先擒王」的戰術，先找到採油陣線的頭領，利用懷柔政策，將他爭取過來。開始讓他並不暴露身分，而是讓他以擴大產業為理由，將那些小集團一家一家的並購過來。到時機成熟時，再宣布自己屬於洛克斐勒陣營。於是，龐大的敵對陣線，轉瞬間就被掌控了！

不善於抓住事情要害的人，是很難做成事的。我們不妨看看這則動物園的寓言：

有一天，動物園管理員們發現袋鼠從籠子裡跑出來了，於是開會討論，一致認為是籠子的高度過低。所以它們決定將籠子的高度由原來的十公尺加高到二十公尺。

可是第二天，他們發現袋鼠還是跑到外面來，所以他們又決定再將高度加高到三十公尺。

沒想到隔天居然又看到袋鼠全跑到外面，於是管理員們大為緊張，決定一不做二不休，將籠子的高度加高到一百公尺。

一天，長頸鹿和幾隻袋鼠們在閒聊，「你們看，這些人會不會再繼續加高你們的籠子？」長頸鹿問。

「很難說。」袋鼠說：「如果他們再繼續忘記關門的話！」

其實很多人都是這樣，只知道有問題，卻不能抓住問題的核心和根基。

有的人整天忙忙碌碌，卻不見得有什麼成績，有的人並不

怎麼忙碌，卻輕輕鬆鬆生活得有滋有味。同樣是一天二十四小時，卻有著不同的效率和品質，這其中做事能否抓重點是決定差異的一個重要因素。

我們在做事時面臨著多種多樣的問題，有時還會出現一些預料之外的事情讓我們措手不及，置身於紛繁複雜事務中，有時真的會讓人感到眼花繚亂，但這些事情又都與我們有關，必須要處理。於是有的人就慌了手腳，對所有問題不分輕重的攬過來，他們只顧不停的做事，卻少有梳理頭緒的方法，最後不但沒處理好事情，還使自己產生了厭倦情緒。而聰明的人不論處於多麼複雜的環境中，他都會停下來審視一番，分出輕重緩急，先把那些最重要最緊急的事情做了，再做那些不重要不緊急的事情，甚至對某些沒有意義的事情放棄，這樣處理事情，效率自然高了很多，既節省時間又有成就有收獲。

世界上充滿了神祕的不平衡。有人總結出一個不平衡法則，叫「二八法則」：即世界上百分之二十的人擁有百分之八十的財富，百分之二十的員工創造了百分之八十的價值，百分之八十的收入來自於百分之二十的商品，百分之八十的利潤來自百分之二十的顧客……這個法則告訴我們，經營者要抓住關鍵的少數人，要善於發現那些能帶來高額利潤的百分之二十的核心商品，把主要精力放在這些商品上。

此外，「二八法則」還告訴我們，要善於掌握自己的優勢，尋求那些自己非常喜歡、非常擅長、競爭不太激烈的事情去做，

你就一定能夠成功。生活不過是各種角色的無序組合，我們並不需要在每一個角色上花費同樣的時間才能取得平衡，而是要抓住關鍵的角色去完成最需要的事情。人生也是一樣，找到人生中最關鍵的事情，然後去努力奮鬥，就一定會擁有一個成功輝煌的人生。

該裝傻時就裝傻

古人云「大智若愚，大巧若拙」，善裝傻的人就像湖水，雖表面平靜，然而水下卻暗藏玄機。這種善於鬆懈對方警覺，賺取對方信任的人，真可謂是揣著聰明裝糊塗的大智者。

有一位將軍，在大軍撤退時總是斷後，回到京城後，人們都稱讚他的勇敢，將軍卻說：「並非吾勇，馬不進也。」將軍把自己斷後的無畏行為說成是由於馬走得太慢。其實，在人們心目中，「馬走得太慢」絕對無法抵消將軍的英雄形象。

生活中常聽人說：傻人有傻命。為什麼這樣說呢？因為人們一般懶得和傻人計較 —— 和傻人計較的話自己豈不也成了傻人？也不屑和傻人爭奪什麼 —— 贏了傻人也不見得如何光彩。相反，為了顯示自己比傻人高明，人們往往樂意關照傻人。因此傻人也就有了傻命。

正是由於這個道理，許多處在逆境中的人故意裝瘋賣傻，以求躲避災難；許多命途不順的人故意裝得傻乎乎的，以求獲得別人的同情。無論怎樣，在做事時，如果自己尚處於劣勢，適當裝得傻一些，未嘗不是一種走近成功的聰明之策。

　　美國第九屆總統威廉·亨利·哈里森（William Henry Harrison）出生在一個小鎮上，他是一個很文靜又怕羞的孩子，人們都把他看作傻瓜，常喜歡捉弄他。他們經常把一枚五分硬幣和一枚一角硬幣扔在他面前，讓他任意撿一個，威廉總是撿那個五分的，於是大家都嘲笑他。

　　有一天一個好心人可憐的問道：「難道你不知道一角錢要比五分錢值錢嗎？」

　　「當然知道，」威廉慢條斯理的說：「不過，如果我撿了那個一角的，恐怕就沒人有興趣扔錢給我了。」

　　現在人們都喜歡和別人競爭，誰也不喜歡讓著誰。看了這個故事，你就明白了，有時候適當傻一點可以得到更多。

　　「難得糊塗」歷來被推崇為高明的處世之道，也就是說，只要你懂得適時裝傻，你就並非傻瓜，而是大巧若拙，或大智若愚。人際交往切忌恃才自傲，不知饒人。鋒芒太露易遭嫉恨，更容易樹敵。而適時裝一點傻，不露自己的高明，在交際中既可以為人遮羞，也便於自找臺階。假裝不知，實際上清楚；假裝不行動，實際上因不能行動，或將待機而動。

　　所以說，真正的聰明人在做某些事時候都會裝裝傻的。

　　明朝時，況鐘最初以小吏的低微身分追隨尚書呂震左右。況鐘雖是小吏，但頭腦精明，辦事忠誠。呂震十分欣賞他的才能，推薦他當主管，升郎中，最後出任蘇州知府。

　　初到蘇州，況鐘假裝對政務一竅不通，凡事問這問那。府

裡的小吏們懷抱公事包，個個圍著況鐘轉悠，請他批示。況鐘佯裝不知，瞻前顧後的詢問小吏，小吏說可行就批准，不行就不批准，一切聽從下屬的安排。這樣一來，許多官吏樂得手舞足蹈，個個眉開眼笑，說況鐘是個大笨蛋。

過了三天，況鐘召集全府上下官員。一改往日溫柔愚笨之態，大聲責罵道：「你們這些人中，有許多奸佞之徒，某某事可行，他卻阻止我去辦；某某事不可行，他則慫恿我，以為我是個糊塗蟲，耍弄我，實在太可惡了！」況鐘下令，將其中的幾個小吏捆綁起來一頓狠揍，鞭撻後扔到街上。

此舉使餘下的幾個下屬膽戰心驚，原來知府大人心裡明亮著呢！個個一改拖拉、懶散之風，積極的工作，從此蘇州得到大治，百姓安居樂業。況鐘用裝傻蒙蔽了對手，待到時機成熟，內智噴薄而出，一刀制敵，乾淨俐落。

唐朝第十七位皇帝李忱，自幼笨拙木訥，與同齡的孩子相比似乎略為弱智。隨著年歲的增長，他變得更為沉默寡言。無論是多大的好事還是壞事，李忱都無動於衷。平時遊走宴集，也是一副面無表情的模樣。這樣的人，委實與皇帝的龍椅相距甚遠。當然，與龍椅相距甚遠的李忱，自然也在權力傾軋的刀光劍影中得以保存自己。

命運在李忱三十六歲那年出現了轉折。會昌六年（八四六年），唐朝第十六位皇帝唐武宗食方士仙丹而暴斃。國不可一日無主，在選繼任皇帝的問題上，得勢的宦官們首先想到的是找

一個能力弱的皇帝——這樣，才有利於宦官們繼續獨攬朝政、享受榮華富貴。於是身為三朝的皇叔的李忱，就在這一背景下被迎回長安，黃袍加身。但李忱登基那一天，令大明宮裡所有的人都驚呆了。在他們面前的，哪是什麼低能兒，簡直就是一個聰明睿智的人。不懷好意的宦官都被皇帝的不凡氣度所震驚，後悔選了李忱作為皇帝。

李忱的裝傻功夫可謂爐火純青。他自信沉著的演了三十六年戲，將愚不可及的形象深入人心，在保全自己的同時，用內智成就了一番偉業。

古人云：「鷹立如睡，虎行似病，正是其攫鳥噬人的法術，故君子聰明不露，才華不呈，才有任重道遠的力量。」這大概可以形象的詮釋「大智若愚，大巧若拙」這句話的具體含義。一般來說，人性都是喜直厚而惡機巧的，而胸有大志的人，要達到自己的目的，沒有機巧權變，又絕對不行，尤其是當他所處的環境並不如意時，那就更要既弄機巧權變，又不能為人所厭戒，所以就有了鷹立虎行如睡似病的裝瘋賣傻處世方法。

因此，有時候該裝傻的時候就要裝一下傻，不用什麼時候都把自己包裝成一個專業得不能再專業的菁英，適時的裝一下傻，聲稱自己對所就職的產業「不熟」，又有何不可呢？而且換一個角度看，這樣的人其實一點都不傻。試想，一個敢於對初次見面的同事承認對本行業不熟卻又對自己勝任工作的能力毫無怯意的人，該有多大的勇氣和自信啊；而且這樣的做法還讓

他顯得可愛，免除了鋒芒太露遭人忌妒的結局。

　　看看那些經驗老到的人，他們都有一個共同的特點，那就是「和光同塵」，毫無稜角。從表面上看，似乎個個都是庸才，又善於裝傻，其實他們個個深藏不露。這不是他們不夠聰明，恰恰相反，這是他們聰明的體現，懂得藏鋒露拙對自己的好處。

　　也許你會說，總是裝傻別人不會真把你當傻子嗎？其實，裝傻也是在該裝的時候裝，只要一有表現本領的機會，你還是要充分把握，做出過人的成績來，這樣大家自然就會知道。而鋒芒對於你，只有害之不會有益處，就好像是你額上生角，必會觸傷別人。如果你自己不把它磨平，別人必將力折你的角，角一旦被折，其傷害會更多。

　　因此，想要在事業上一展才華的人，要記住千萬不要鋒芒太露。需裝傻時就要裝傻。

馬屁該拍還得拍

　　拍馬屁一詞原本是說，人在騎馬前先拍撫馬的屁股，這樣馬才會溫順的讓人騎上去，否則，不僅騎不上，還會被摔下來，後來就被引申為專門說奉承話。

　　其實，說奉承話是人的天性，虛榮心是人性的弱點，當你聽到對方的吹捧和讚揚的時候，心中會產生一種莫大的優越感和滿足感，自然也就會高高興興的聽從對方的建議。雖然其結果上當受騙者居多，後悔不迭者居多，但事實就是這樣。

　　生活中吹你捧你，然後趁你暈暈乎乎之機，大掏你的腰

包，或者大占你的便宜的事情隨處可見。而那些有自大狂傲的人虛榮心最重，往往他們不論在任何時間，任何地點，都喜歡別人對他作阿諛式的頌揚。

我想很多人是極其討厭拍馬屁、阿諛奉承之人的，我也不例外。可我不得不承認我們自己也時常在拍別人的馬屁，只不過是我們不認為那也是拍馬屁而已。就跟拿破崙的隨從一樣。我們知道，拿破崙是非常討厭別人拍他馬屁的。有一次，隨從對他說：「將軍，您是最討厭別人對您拍馬屁的吧？」拿破崙笑著說：「是的，一點也不錯！」像這樣的言語，若是用在我們自己身上，絕對不會認為自己是在拍別人的馬屁，可事實上，這就是一記高超的「拍馬屁」！

人都是希望自己被肯定、被讚美的，而要實現這些理想，不透過他人是不行的。他人的讚美在某種意義上就是拍馬。經過這麼多年的求學生涯，我不得不承認要想在事業上取得成功，不管是官場、情場，還是商場，我們必須懂得拍馬屁之道，這就像我們在騎馬之前必須恰到好處的拍拍馬的屁股一樣才會使馬順從騎馬人的指示。馬屁拍重了，太痛；拍輕了，又太癢；拍得太露不行，拍得不是場合也不行。如果能做到在無聲無息、不露痕跡，讓被拍人暈暈乎乎、得意忘形，那便是拍馬屁的最高境界了。

歷史上靠拍馬屁發跡的人並不少。唐玄宗時期，有一個被派往南方擔任地方官的陳少遊，不但足不出京畿、未嘗赴任，

反而連續加官晉爵，十餘年間他三統大藩。為何他能這樣官運亨通、洪福齊天呢？看看他的拍馬屁歷史你就會明白一二。

　　陳少遊善於權變，見風使舵。尤其是在聚斂財富、交結權貴上頗有自己的一套思路。是時董秀在朝中執掌大權。陳少遊對董秀的為人了解得一清二楚。他特地寄宿在董府附近，等到董秀退朝回家單獨求見。見了董秀，陳少遊單刀直入，不動聲色的發問：「請問大人家中人口幾何？每月需要多少花費？」董秀回答說：「長期愧對高位，負擔又重。目前物價昂貴，一月總需要千餘貫錢才能應付。」陳少遊說：「按照大人的花費，你的俸祿不夠用啊！要經常求助於人才行。我想，假如有人向大人提供資助，大人願意留意予以提攜，那就是很簡單的事了。」董秀便動心了。

　　陳少遊見時機成熟，就直言不諱的說：「在下雖是不才之人，請允許我單獨承擔你的費用，每年願送你五萬錢。現在我身邊就帶有這個數目，請您收下，剩下的等我上任後補上。」董秀見錢眼開，十分高興，熱情招待。

　　不料，就在這時，陳少遊潸然淚下的說：「南方瘴氣濃厚，地又偏僻，只怕到了那裡不能活著回來，難睹您的風采了。」這是話中有活，不能活著回來，不就是說再不能將那剩下的錢補上嗎？言下之意，最好找個肥缺做做。一個願打，一個願挨。董秀馬上說道：「你的才能很高，不應派到偏遠的地方。請耐心等待幾天，我一定想辦法幫助你。」什麼你的才能很高！不就

是一手拍馬的才能嗎？你還別說，人家就是靠了這個一步登天了。陳少遊除了巴結董秀外，還用重金賄賂了另一位權臣元載的兒子仲武。不久他就改任浙東觀察使，最後又提拔為淮南節度使。由於這些地區非常富庶，所以這位貪官在這裡搜刮財物竟達億萬之數。

這，即是拍馬屁吃飯的大家。為人做事，我們當然反對這樣的人，但我們能從中明白，做事時如果圓通一點，說點好話，也未嘗不可。

第十章　退路留一點，謙恭忍讓多福報

—— 適可而止，見好要收

古人說：「以退為進。」又說：「萬事無如退步好。」在功名富貴之前退讓一步，是何等的安然自在！在人我是非之前忍耐三分，是何等的悠然自得！這種謙恭中的忍讓才是真正的進步，這種時時照顧腳下，腳踏實地的向前才至真至貴。人生不能只是往前直衝，有的時候，若能退一步思量，往往能有海闊天空的樂觀場面。

退一步又何妨

　　有一次下班時，下著雨，我搭公車回家。在一條不太寬的交叉路口，我搭的公車在轉彎的時候，迎面駛來了一輛計程車，只能容一輛車通過的路面讓公車和計程車形成了「頂牛狀」。這時候，兩車後面都還沒有車，誰後退一點，就可以讓開了。但事實是，誰都沒有退讓。公車司機索性還把火熄了，掏出香菸抽了起來。計程車顯然也沒有要退讓的意思。一時間，兩車就這樣僵持著。我因為快到家了，就下車了。下車後，我走了一段路回頭去看，正好有一個人要打車，計程車司機因為有了生意，可能是不想耽擱生意吧，才往後退了幾公尺把車讓開了。

　　我不是當事人，我理解不了他們的心理。但以前我也碰到類似的情況，諸如在社區門口碰到對頭車，但每次我都願意主動倒車讓路。我想，主動讓車又何妨呢？自己後退一步，方便了別人，也方便了自己，何樂不為呢？歌德在迎面碰上的反對派說出「我從不給傻瓜讓路」後回敬「我正好相反」然後主動讓路時，不也讓兩人的形象形成了鮮明的對比嗎？清朝大學士張英「千里家書只為牆，讓他三尺又何妨。萬里長城今猶在，不見當年秦始皇」的家書，不也顯示了他的宰相胸襟嗎？退一步海闊天空，後退是為了更好的前進，後退，並不表示自己沒面子，在自己主動後退一步的同時，人格卻前進了一步。退一步，顯風度。後退一步又何妨？

　　還聽說過一個故事：一位紳士過獨木橋，剛走幾步便遇到一位孕婦，他很有禮貌的讓孕婦先過了橋；第二次走到橋中央，遇到一位挑柴的樵夫，他也二話沒說，回到橋頭讓樵夫先過了橋；第三次，紳士等橋上沒有人了，再走上橋，快要走完時，又碰到一個推獨輪車的農夫，這次，他不願回頭了，便很有禮貌的請農夫讓他先過橋，但是農夫不讓。兩人話不投機，爭了起來。這時，河裡來了一條小船，船上有一位僧人，他們請他評理。

　　僧人問農夫：「你很急嗎？」農夫說：「我真的很急，晚了就趕不上集了？」僧人說：「那你為什麼不儘快給紳士讓路呢？你讓了路，紳士過了橋，你不是就可以馬上過橋了嗎？」農夫一言不發。

　　僧人又問紳士：「你為什麼不給農夫讓路呢？是不是你快要過橋了？」紳士爭辯說：「我在這之前，已經讓了兩個人了，我再繼續讓下去的話，我自己就過不了河了？」僧人說：「那你現在過河了嗎？你既然已經讓了這麼多次了，何妨再讓一次呢，即使過不了河，你起碼也保持了你的風度，何樂而不為呢？」紳士的臉漲得通紅。

　　生活中常常有些人，無理爭三分，得理不讓人，小肚雞腸。相反，有些人真理在握，不聲不響，得理也讓三分，顯出高雅的君子風度。前者活得嘰嘰喳喳，後者活得自然瀟灑。

　　二戰期間，在一場戰鬥中，兩名士兵與隊伍失去了聯絡。

他們在森林裡徘徊。第一天，他們打死了一隻鹿。也許是戰鬥的硝煙彌漫了森林，他們再也沒有看見一隻動物，那隻鹿成了他們唯一的食物。

一天，他們在森林裡又碰到了敵軍，經過巧妙的躲避，他們向森林深處逃去，就在自以為安全時，走在前面的年輕戰士的背部挨了一槍，走在後面的戰士驚慌失措，跑上前去，用自己的襯衫為他包紮。

那一晚，他們誰都沒有說話，雖然都飢餓難耐，但誰都沒有動那塊鹿肉。沒受傷的戰士兩眼直勾勾的，不停的唸著母親的名字。他們都以為自己過不了這一關了，但第二天，部隊發現並救出了他們。

時隔三十年後，當年受傷的年輕戰士安德魯道出了真情：「我知道是誰開了那一槍，他就是我的戰友。在他抱緊我時，我的身體觸到了他發熱的槍口。我不明白他為什麼要這麼做，但當晚我就清楚了，他是想獨吞那塊鹿肉 —— 為了他的母親。但戰爭的殘酷還是沒有讓他見到他的母親，我和他一起祭奠了他母親，那天，他跪了下來，請求我的原諒。我沒有讓他說下去，我寬恕了他。」

看完這則故事，我在想，如果安德魯當時戳穿了他的戰友，那結果會是怎樣的呢？那一晚必將成為血腥之夜，看到的只是朋友的反目。安德魯是高尚的，他用博大的胸懷寬恕了他的戰友。

　　無論是朋友還是敵人，寬恕就是微笑，如春天的那一抹朝霞，燦爛的包容著每一個人。可能寬恕無論對於你我都很難做到，有一句古諺叫「退一步海闊天空」，如果站立的位置無法使你積極面對事情，退一步又何妨呢？

　　也許在退過一步後，所見的不會比後退一萬步的景色相異。但是，那一步的抉擇，真的選擇了你的人生！

　　退一步，不僅對於一個人，一件事，就是一對夫妻也想相互包容，該退的時候退一步。夫妻雙方長期生活在一起，日子久了難免會有一些小摩擦，而很多時候，男人就像長不大的孩子，會犯一些小錯誤，「恨鐵不成鋼」的妻子往往還像戀愛時一樣，用冷戰的方法解決問題，其實這是不宜於家庭和諧的。首先，身為一個男人，你應該學會先退一下，因為老婆不是敵人，沒有針鋒相對的必要。你愛的人，你不哄誰哄？這也揭示了一個本質性的東西，哄，是建立在愛的基礎上的，愛她才哄她，「哄」就是退了一步，但也是愛的技巧。

退步原來是向前

　　做事無疑應該堅守原則，堅守心靈深處的高貴，不能因為屈服於壓力或貪圖物質利益的享受，就輕易的妥協甚至出賣自己的良心。然而，在個人的名利或物質利益受到損害或由於個人利益與他人發生矛盾時，如果能大氣大量的退讓一步，則不僅不是懦弱，反而是一種大忍之心的表現。

　　記得這是一位外國學者的話，意思是說：會生活的人，並

不一味的爭強好勝，在必要的時候，寧肯後退一步，做出必要的自我犧牲。歷史上有許多這樣的例證。

清河人胡常和汝南人翟方進在一起研究經書。胡常先做了官，但名譽不如翟方進好，在心裡總是嫉妒翟方進的才能，和別人議論時，總是不說翟方進的好話。翟方進聽說了這事，就想出了一個應付的辦法。

胡常時常召集門生，講解經書。一到這個時候，翟方進就派自己的門生到他那裡去請教疑難問題，並一心一意、認認真真的做筆記。一來二去，時間長了，胡常明白了，這是翟方進在有意的推崇自己，為此，心中十分不安。後來，在官僚中間，他再也不去貶低而是去讚揚翟方進了。

明朝正德年間，朱宸濠起兵反抗朝廷。王陽明率兵征討，一舉擒獲朱宸濠，建了大功。當時受到正德皇帝寵信的江彬十分嫉妒王陽明的功績，以為他奪走了自己大顯身手的機會，於是，散布流言說：「最初王陽明和朱宸濠是同黨。後來聽說朝廷派兵征討，才抓住朱宸濠以自我解脫。」想嫁禍並抓住王陽明，作為自己的功勞。

在這種情況下，王陽明和張永商議道：「如果退讓一步，把擒拿朱宸濠的功勞讓出去，可以避免不必要的麻煩。假如堅持下去，不做妥協，那江彬等人就要狗急跳牆，做出傷天害理的勾當。」為此，他將朱宸濠交給張永，使之重新報告皇帝：朱宸濠捉住了，是總督軍們的功勞。這樣，江彬等人便沒有話說了。

　　王陽明稱病休養到淨慈寺。張永回到朝廷，大力稱頌王陽明的忠誠和讓功避禍的高尚事蹟。皇帝明白了事情的始末，免除了對王陽明處罰。王陽明以退讓之術，避免了飛來的橫禍。

　　如果說翟方進以退讓之術，轉化了一個敵人，那麼王陽明則是以退讓之術保護了自身。

　　以退讓求得生存和發展，這裡蘊含了深刻的哲理。

　　農民在插秧時，邊插邊退，每插完一步就得後退一步，但是這樣的後退，卻是另一種更大的進步。因此，一個人要想成功立業，必須要懂得以退為進。引擎利用後退的力量，反而引發更大的動能；空氣越經壓縮，反而更具爆破的威力；軍人作戰，有時候要迂迴繞道，轉彎前進，才能勝利；很多時候，我們要想成就一件事情，必須低頭匍匐前進，才能成功。

　　有一位在美國留學的電腦博士，辛苦了好幾年，總算畢業了。可是，雖說是拿到了博士文憑，卻一時難以找到工作。他總是被各大公司拒絕，這個滋味可是不好過。他苦思冥想，想謀個職位，最後總算想到了一個絕妙的點子。

　　他決定收起所有的學位證明，以一個最低身分去求職。

　　這個法子還真靈，一家公司老闆錄用他做程式輸入員，這工作對他來說實在太簡單了！不過，他還是一絲不苟，勤勤懇懇地工作。不多久，老闆發現這個新來的程式輸入員非同一般，他竟然能看出程式中的錯誤。這時，這位年輕人掏出了學士證書。老闆二話不說，立刻給他換了個與大學畢業生相應的

職位。

　　又過了一段時間，老闆發現他時常還能為公司提出許多獨到而有價值的見解，這可不是一般大學生的水準呀！這時，這位年輕人又亮出了碩士學位證書，老闆看了之後又升了他。

　　他在新的工作上做得很出色，老闆覺得他還是與別人不一樣，非同小可。於是，老闆把他找到辦公室談談，這時，這位聰明人才拿出來他的博士證。

　　老闆這時對他的能力有了全面認識，便毫不猶豫的重用了他。憑藉著他的絕妙點子，這位博士終於獲得了成功。

　　這位博士的點子好就好在以退為進，看上去是自己降低了自己，也讓別人看低了，但是身處低位，暫時被人看輕，不要緊，一旦有機會，就可以大放異彩，展露才華，讓別人、讓老闆對你一次次刮目相看，你的形象便慢慢高大起來了。

　　相反，如果一上來就亮個博士證書，容易被人看高，期望值過高，反而引起失望。這樣看來倒是別出心裁，以退求進更容易達到目的。

　　以退為進不僅僅在體現在人的行為方法上，在人際關係中也很重要。人與人之間相處總是避免不了磕磕絆絆，尤其是在做事的時候，這是非常令人撓頭的。產生矛盾後如果能及時化解，彼此相安無事；如果雙方都耿耿於懷，勢必會使矛盾激化，彼此處於尷尬的境地；假使一方心胸開闊，毫不介意，做出讓步，而另一方心胸狹窄，總想伺機報復，也會使人際關係緊

張。更有甚者狠心放冷箭，讓人防不勝防，吃虧上當。這些不和諧因素就像導火線一樣，隨時都有引爆的危險。如果那樣，麻煩就大了。如果非要較勁，很容易導致朋友反目，親戚成仇，夫妻分手，同事變成陌路，合作夥伴變成殺人兇手，你說值得不值得？

人在做某件事時，退後一步並不全是壞的，如果在前進時採取後退的姿勢，以謙讓恭謹的方式向前，就更完美了。「前進」與「後退」不是絕對的，假如在欲望的追求中，性靈沒有提升，則前進正是後退；反之，若在失敗中和挫折裡，心性有所覺醒，則後退正是前進。

知難而退並非弱

《左傳‧宣公十二年》中論述道：「見可而進，知難而退，軍之善政也。」大意是說行軍打仗，宜進則進，遇難而退，唯此方能立於不敗之地。

多少年來，在人們眼裡卻把知難而退當作懦弱和消極的表現，把知難而進奉為積極進取、永不放棄的優秀特質加以讚揚。我卻以為，知難而退比知難而進更難能可貴，它代表人生中一種淡泊的生活態度和灑脫的人生境界，體現一種審慎的思考和理性的智慧。

人的一生不管是工作還是生活，十有八九不如意。在我們的人生中總會有許許多多的困難，能超越的只是很少的一部分。所以說總是知難而進未必真能進，最多碰個頭破血流而

已。的確，知難而退是一種放棄，但明知前方是死路，可偏偏還要固執的走下去，這就是愚蠢。如果在這時選擇了放棄，那就是一種智慧。放棄了，就會有更多的路等待著你，也就意味著有更多的希望。

漢朝初期，陳平因功多計廣任右丞相，周勃以戰功卓著任左丞相，後來在誅殺呂後諸王中周勃居功自傲，威望超過陳平。陳平自感繼續擔任右丞相將很困難，於是把右丞相位子讓給了周勃。

有一次，周勃輔佐上臺的漢文帝問朝中每日錢糧進出有多少，周勃無言以對，而一旁的陳平卻應對自如。周勃自感治國不如陳平，於是自願換陳平當右丞相。他們兩個共同演出了一場知難而退的歷史大劇，而正是由於他們敢於知難而退，為漢朝開創了「文景之治」的盛世。

可見，知難而退不是懦弱的表現，而是一種灑脫的人生境界，是勇敢與理性的人生態度。

當年，蘇東坡在貶居惠州時，閑來無事，去遊松風亭。亭子在當地很有一些名氣，蘇東坡也是衝著這個名氣去爬那座很高的山。畢竟是文弱書生，蘇東坡爬到半山腰便感到有些體力不支了，可看看那高高在上的松風亭，遙遠的就像掛在樹梢上，心中又不甘心，只好強迫自己往上爬。就在因為登不上松風亭而苦惱時，蘇東坡突然想起一個道理：「這裡有什麼歇不得，遊不得呢？難道非要上亭子不可？」這種思想一產生，蘇東

坡頓時感到眼前一片光亮，腦子頓時開了竅，情緒也輕鬆起來。

　　蘇東坡的處事是豁達的，是開朗的，知難而退確實是做事的一大學問。可悲的是，我們其中的許多人不敢承認自己有「退」的行為，甚至不敢承認自己有過「退」的思想，彷彿人生只有前進、前進、再前進，就沒有歇腳的時候。這是不科學的，也是不真實的。

　　著名科學家法拉第（Michael Faraday），幼年因無法發好「R」音而退學，但他沒有灰心，而是放棄文學，轉向自然科學，透過不懈的努力，終於成為受世人敬重的科學家。蒲松齡文采過人，滿腹經綸，但在科舉考試中屢屢落第。面對科舉屢試不第的打擊，他知難而退，轉向創作，立志寫一部「孤憤之書」，終有《聊齋志異》這部流芳百世的佳作。縱觀他們的知難而退，都是一種人生的技巧，一種事業的重生，而不是放棄。

　　知難而退並不是一退不起，而是以退為進的大智慧。西元前五十四年至西元前五十三年，克拉蘇率五個羅馬軍團，五萬餘人，渡過幼發拉底河，侵占帕提亞要塞，追擊帕提亞騎兵，企圖侵占整個帕提亞。帕提亞將領蘇林採取節節撤退，不迎戰羅馬精銳部隊的戰術，於西元前五十三年五月六日在幼發拉底河上游的卡雷城與之交鋒，擊敗羅馬軍，羅馬精旅喪失殆盡。克拉蘇撤出卡雷城後被帕提亞騎兵包圍在一座小山上，在混戰中被殺，羅馬軍幾乎全軍覆沒，軍旗被擄。帕提亞大敗克拉蘇之戰，成為軍事史上知難而退，以退為進而贏得勝利的著名戰

例。克拉蘇初期知難而退挽救了帕提亞，如果他一昧衝鋒陷陣早就死於戰場了。可見，知難而退不僅是人生的一種平靜態度，也是一種人生的勝利策略。

有些人一生成功頗多，碩果纍纍，卻沒有得到絲毫快樂，活得很累，很沉重，甚至很痛苦。而另一些人一生看起來碌碌無為，平平庸庸，卻生活得很愉快，很輕鬆，甚至很愜意。這其中的關鍵就在於前一種人屬於只知進、不知退者，他們將自己緊緊的禁錮在一個限定的小圈子裡面，並不斷的為自己加壓，使自己一直處在一種不知盡頭的努力之中。而後一種人屬於知進知退、知逸知勞的人，他們根據自己的客觀條件來決定生活目標，當進則進，當退則退，當勞則勞，當逸則逸。「不懂休息的人，也就不懂得工作」，不根據自己的實際條件，盲目的制訂出過多的奮鬥目標，到頭來只會給自己帶來不必要的煩惱和痛苦。

人是有區別的，這種區別既表現在自然方面，也表現在社會方面，所以，人生的道路也是有進有退的，無論強進或強退都是不科學、不合理的。漢朝的開國皇帝劉邦就深諳進退之道。

秦王朝滅亡時，劉邦是首先攻入咸陽的，按當時的約定，劉邦理所應該占據關中為王，但當時項羽無疑是天下第一霸主，其勢力之強大是無人可比的。劉邦在蕭何等人的勸說下主動躲避在灞上，等候項羽來分割天下。僅被封為「漢中王」後，劉邦什麼也沒說，便起身率他的團隊赴任去了。而且為了安慰

項羽，使其覺得自己再不返關中，還一把火燒了棧道，以示絕了後路。

項羽安心了，劉邦卻雄心不滅，衣食不安，不久，終於重返關中，與項羽展開了長達五年的楚漢戰爭，並最終取得勝利。如果沒有劉邦當初的「退」，能有他後來的「進」嗎？所以說知難而退並非弱，凡事只知道「進」而忽略了「退」，有時也會失敗。

能屈能伸大丈夫

凡洞明世事、人情練達之人，無不深諳進退之道。該進時，如箭離弦，一發千里；該退時，悄無聲息，音形俱隱。因為能進不失為勇，而退更顯示出智慧。如果靜心回味，其實退是一種謀略，是一種維繫生存的手段，退能保身，退能成事，退是大勇，更是大智。進退自如真英雄，能屈能伸大丈夫。

韓信是古代一位著名的軍事統帥，但他出身貧賤，從小就失去了雙親，建立功勳前的韓信，既不會經商，又不願種地，家裡也沒有什麼財產，生活窮困，還備受歧視。他與當地的一個小官有些交情，於是常到這位小官家裡蹭飯吃，可是時間一長，小官的妻子對他很是反感，便有意提前吃飯的時間，等韓信來到時已經沒飯吃了，於是韓信很惱火，就與這位小官絕交了。為了生活下去，韓信只好到當地的淮河釣魚，有位洗衣服的老太太見他沒飯吃，便把自己帶的飯菜分給他吃，這樣一連幾十天，韓信很受感動。便對老太太說：「我將來一家要報答

你。」老太太聽了很生氣，說：「你連自己都不能養活，我看你可憐才給你飯吃，誰還希望你報答我。」韓信聽了很慚愧，立志要做出一番事業來。

那時候身上佩帶寶劍是一種高貴的象徵，雖然韓信很是落魄，但他為表示自己的嚮往，自己身上就經常掛一把寶劍，在他的家鄉淮陰城，街頭上那些無賴很看不起他，說你這個破落戶還想做貴族，所以經常刁難他。有一天，一群無賴便在鬧市裡攔住韓信，一個人說：「你要是有膽量，就拔劍刺我，如果是懦夫，就從我的褲襠下鑽過去。」圍觀的人都知道這是故意找荏羞辱韓信，不知道韓信會怎麼辦。只見韓信想了一會兒，一言不發，從那人的褲襠下鑽過去了。在場的人都哄然大笑起來，認為韓信是膽小怕死。這就是流傳下來的「韓信胯下之辱」的故事。

俗話說好漢不吃眼前虧，韓信的想法就是退一步海闊天空，何況和這些小無賴有什麼好爭執的，這也正是韓信的高明之處。「胯下之辱」之後，在西元前二〇九年，韓信參加了由劉邦帶領的一支反對秦朝的軍隊，經過蕭何的推薦做了將軍，在幫助劉邦打天下的過程中，他每戰必勝，立下赫赫功勳。

能做大事的人，他們的首要條件就是屈伸有道，這不但是一種海納百川的肚量，更是一種韜光養晦的謀略。韓信就是這樣的人，他能屈能伸。屈是拉開的弓，伸是射出的箭，只有拉得緊，才能射得遠。

　　春秋時，越王勾踐夫婦曾被抓做人質，去給夫差當奴役，從一國之君到為人僕役，這是多麼大的羞辱。但勾踐忍了，屈了。是甘心為奴嗎？當然不是，他是在伺機復國報仇。

　　到吳國之後，他們住在山洞石屋裡，夫差外出時，他就親自為之牽馬。有人罵他，也不還口，始終表現得很馴服。

　　有一次，吳王夫差病了，勾踐在背地裡讓范蠡預測一下，知道此病不久便可痊癒。於是勾踐去探望夫差，並親口嘗了嘗夫差的糞便，然後對夫差說：「大王的病很快就會好的。」夫差就問他為什麼。勾踐就順口說道：「我曾經跟名醫學過醫道，只要嘗一嘗病人的糞便，就能知道病的輕重，剛才我嘗大王的糞便味酸而稍有點苦，所以您的病很快就會好的，請大王放心！」果然，沒過幾天夫差的病就好了，夫差認為勾踐比自己的兒子還孝敬，很受感動，就把勾踐放回了越國。

　　勾踐回國之後，依舊過著艱苦的生活。一是為了籠絡大臣百姓，一是因為國力太弱。為養精蓄銳，報仇雪恥，他睡覺時連褥子都不鋪，而鋪的是柴草，還在房中吊了一個苦膽，每天嘗一口，為的是不忘所受的苦。

　　吳王夫差放鬆了對勾踐的戒心，勾踐正好有時間恢復國力，厲兵秣馬，終於可以一戰了。兩國在五湖決戰，吳軍大敗，勾踐率軍滅了吳國，活捉了夫差，兩年後成為霸王，正所謂「苦心人，天不負，臥薪嘗膽，三千越甲可吞吳」。

　　勾踐所受之辱，所嘗之苦，可以說達到極點了。但他熬了

過來，不僅報了仇，雪了恥，還成了當時的霸王。正是「先當孫子後當爺」，如果當時不屈，當「孫子」時就死了，還能成「爺」嗎？

因此說，聰明者善據時勢，需要屈時就屈，需要伸時就伸，能屈則屈，能伸則伸。屈於當屈之時，是智慧；伸於可伸之機，也是智慧。屈是保存力量，伸是光大力量；屈是隱匿自我，伸是高揚自我；屈是生之低谷，伸是生之峰巔。有低谷，有峰巔，一起一伏，犬牙交錯，波浪引進，這才構成完滿豐富的人生。明智者，在「退讓」中求發展，絕不會拘泥於一著。

被稱為美國之父的富蘭克林，年輕時曾去拜訪一位前輩，年輕氣盛的他，挺胸昂首邁著大步，進門撞在門框上，迎接他的前輩見此情景，笑笑說：「很痛嗎？可這將是你今天來訪的最大收獲。一個人活在世上，就必須時刻記住低頭。」

無獨有偶，有人問過蘇格拉底：「你是天下最有學問的人，那麼你說天與地之間的高度是多少？」蘇格拉底毫不遲疑的說：「三尺！」那人不以為然：「我們每個人都五尺高，天與地之間只有三尺，那不是戳破蒼穹？」蘇格拉底笑著說：「所以，凡是高度超過三尺的人，要長立於天地之間，就要懂得低頭。」

大師們提到的「記住低頭」和「懂得低頭」之說，就是要記住不論你的資歷能力如何，在浩瀚的社會裡，你只是一個小分子，無疑是渺小的。當我們把奮鬥目標看得更高時，更要在人生舞臺上唱低調，在生活中保持低姿態，把自己看輕些，把別

人看重些，該屈的時候要屈，該伸的時候再伸。

收斂鋒芒做實事

「三人行，必有我師焉」，孔子不恥下問，終成大儒。藺相如避讓廉頗，成就「將相和」的千古佳話。新文化運動的吶喊者魯迅先生以「牛」自居，郭沫若先生甘願去做「牛尾」，而茅盾先生卻打趣的以「牛尾巴毛」自稱。無數的名人大家將謙虛作為人生的信條。然而那些盛氣凌人的、與成功只有一步之遙的失敗者令人扼腕嘆息。江淹寒窗苦讀，拜師求學。金榜題名之後他卻被盛名所累，最終江郎才盡。韓信在劉邦面前不懂得收斂鋒芒，激起劉邦的疑心，招來滅頂之災。

據說大文豪蕭伯納（George Bernard Shaw）從小就很聰明，而且言語幽默。在他年輕時特別喜歡嶄露鋒芒，說話也尖酸刻薄，誰要是被他說一句話，便會有體無完膚之感。有一次一位老朋友私下對他說：「你現在常常出語幽人之默，非常風趣可喜，但是大家都覺得如果你不在場，他們會更快樂，因為他們比不上你，有你在大家便不敢開口了。你的才幹確實比他們略勝一籌，但這麼一來朋友將逐漸離開你，這對你又有什麼益處呢？」老朋友的這番話使蕭伯納如夢初醒。他感到如果不收斂鋒芒徹底改過，朋友將不再接納他，人生也將受到影響。從此以後他立下宗旨，再也不講尖酸刻薄的話了，把才能發揮在文學上。這一轉變造就了他後來在文壇上的地位。

這個小故事告訴我們，如果與人交往或做事時總是「鋒芒

畢露」，就會使我們眾叛親離。因此，如果你想贏得大家的喜歡，最好先把自己的鋒芒收斂起來，去結個好人緣。

西方有句諺語：儘管星星都有光明，卻不敢比太陽更亮。

被別人比下去是很令人惱恨的事情，所以要是你的上司被你超過，這對你來說不僅是蠢事，甚至產生致命的後果。要明白一個道理，自以為優越總是討人嫌的，也特別容易招惹上司和君王的嫉恨。大多數人對於在運氣、性格和氣質方面被超過並不太介意，但是卻沒有一個人（尤其是領導人）喜歡在智力上被人超過。因為智力是人格特徵之王，冒犯了它無異犯下了彌天大罪。在上面的人總是要顯示出在一切重大的事情上都比其他人高明。君王喜歡有人輔佐，卻不喜歡被人超過。

比如隋煬帝楊廣，雖是個弒父殺兄、驕奢淫逸的暴君，卻又能寫得一手好文章和詩歌，而且他頗為自負，認為自己是當朝第一詩人。有一次，司隸薛道衡寫了一首《昔昔鹽》的五言詩，被朝野一致稱讚，尤其是詩中的「暗牖懸蛛網，空梁落燕泥」一聯，更是得到極高的評價，而被廣為傳頌。隋煬帝聞知後，頓時妒火沖天，後來便抓住薛道衡的一點過失，將其殺害了。事後，楊廣還惡狠狠的說：「看你還能作『空梁落燕泥』嗎？」

三國時期，曹操的謀士楊修是個聰明絕頂的人。有一年，工匠們為曹操建造相府大門，當門框做好後，正準備做門頂的椽子時，恰好這時曹操走出來觀看，看完後在門框上寫了一個

「活」字，便默默無語的走了。楊修見門框上的題字後，即刻叫工匠們拆掉重做，並說：「你們知道嗎？丞相題在門框上的「活」字，意思是「門」中有「活」為「闊」字，就是指門做大了叫你們重做，懂嗎？」

還有一天，有人給曹操一杯乳酪，曹操喝了幾口，便在杯蓋上寫了一個「合」字，然後遞給一位文臣，文臣看了不解其意，眾人相互傳看也不明白是什麼意思。當杯子傳到楊修手裡，他便喝了一口乳酪，然後說：「諸位，這「合」字即是「一人一口」，丞相是叫我們每人喝一口呀！」

又有一次，曹操由楊修陪同出外遊覽，途經一處，看見一塊烈女曹娥墓碑，碑的背面刻有八個字「黃絹幼婦，外孫韲臼」。曹操問楊修：「楊主薄（負責文書的官），你懂這八個字的含義嗎？」楊修很自信的回答說：「丞相，在下懂得，這……」曹操未等楊修說明，便打斷他的話頭說：「楊主薄別急嘛！待老夫想想。」接著他們離開墓碑，大約走到離碑三十里處，曹操這時才說：「老夫已明白墓碑背面那八個字的意思了。」並叫楊修轉過身去，兩人分別記下自己所理解的意思，然後一比對，兩人意思果然一樣。於是曹操感嘆的說：「老夫的才智與楊主薄相差三十里呀！」他們對「黃絹幼婦，外孫韲臼」這八字所解的意思是：黃絹，色絲，「絲」、「色」拼在一起即是「絕」字；幼婦就是少女，「少」、「女」拼在一起即是「妙」字；外孫是女兒的子女，「女」、「子」拼在一起即是「好」字；韲臼是用來盛五種

辛辣調味的器皿，這是「受辛」，即是「辭」字。因此，這八個字的含義便是「絕妙好辭」。

楊修在曹操面前如此鋒芒畢露，本已使曹極為不快，他自己竟渾然不知。建安二十四年，曹操與劉備爭奪漢中，屢遭失敗。曹軍不知道是進還是退，曹操便以「雞肋」二字為夜間口令，將士們都不解其意，只有楊修明白：「雞肋就是雞肋間的肉，吃起來沒什麼味道，丟掉了又覺得可惜。丞相的意思是叫撤兵回去。」他便私下告訴大家收拾行裝，諸將也隨之準備撤兵。沒多久，曹操果然下令撤軍了，曹操知道是楊修把機密先告訴大家的，便以「洩漏機密，私通諸侯」的罪名，將楊修殺掉了。

這個故事提醒我們，就是再機智聰明的人，也不要處處在上司面前露出「比上司強、比上司先懂得什麼」的樣子，否則將遭忌恨而招致禍害。

當然，在現代文明社會裡，像楊廣、曹操那樣草菅人命的暴君已不復存在，但剛愎自用、妒賢嫉能的人卻大有人在。面對這樣的上司，你如果鋒芒畢露，逞強顯能，顯得比他高明的樣子，那麼必然會遭到他的忌恨，輕者會給你「小麻煩」，重者會叫你「離職」，到那時你將後悔莫及。

朋友，一定記住：適當收斂你的光芒，不要比太陽更亮。因為很多時候我們面對的不一定是大是大非的原則問題，沒有必要針鋒相對，退一步別人過去了，自己也可以順利通過。

寬鬆、和諧的人際關係會給我們帶來很多方便，也可以避免很多麻煩。假如你懷有鴻鵠之志，可以一心一意去積蓄力量；假如你只想做普通人，可以活得從從容容、逍遙自在，何樂而不為呢？

功成身退天之道

人莫不愛財慕富，貪戀權勢，但是放眼歷史上，名利誰能守護住？歷史給人們許多啟示。

人們熟知李斯的故事。他貴為秦相時，「持而盈」、「揣而銳」，但他最後以悲劇告終。在臨刑之時，對其子說：「吾欲與若復牽黃犬，出上蔡東門，逐狡兔，豈可得乎？」他臨死時的醒悟，渴望重新返璞歸真，過平民生活，但已不可能了。

中外歷史上，不知有多少人曾經也有類似的後悔、懺悔。

古往今來，每一個有志之士都渴望建功立業，身為曠古奇才的李白自然也不例外。

李白對自己的才能是很自負的，「天生我材必有用，千金散盡還複來。」、「興酣落筆搖五嶽，詩成笑傲凌滄洲。」就是他對自己才能的肯定。同時他也認為一定有實現抱負的那一天：「長風破浪會有時，直掛雲帆濟滄海。」、「大鵬一日同風起，扶搖直上九萬里。」然而，他卻不想走科舉取士的道路。他透過漫遊和廣交天下名流來提高自己的名望，從而希望得到朝廷的重用。而另一方面，他又非常嚮往自由自在的生活，甚至羨慕隱士的清靜無為，不問政事。「紅顏棄軒冕，白首臥松雲。醉月頻中

聖，迷花不事君。」那麼，他如何來解決這種「出世」與「入世」的矛盾呢？唯一可行的就是 —— 功成身退。「待吾盡節報明主，然後相攜臥白雲。」

自古之人，都渴望封侯拜相，衣錦還鄉，光宗耀祖，千古流芳，李白為什麼「功成」之後不享用，反而要「身退」呢？除了他喜歡自由之外，還有更重要的原因。他在《行路難》（其三）中作了很好的回答：「吾觀自古賢達人，功成不退皆殞身。子胥既棄吳江上，屈原終投湘水濱；陸機雄才豈自保，李斯稅駕苦不早；華亭鶴唳詎可聞，上蔡蒼鷹何足道。君不見吳中張翰稱達生，秋風忽憶江東行。且樂生前一杯酒，何需身後千載名。」既要建功立業，又要保全自己，就要學范蠡，不學文仲！

當然，「功成身退」的思想，在今天對許多人來講已經不太靈驗。它會使人失去積極的進取心，從而滿足於現狀，當一天和尚撞一天鐘，這是其糟粕之處。不過，這裡提出的「功成身退」僅是一種退守策略，是指一個人能把握住機會，獲得一定成功後名利已有，見好就收。

隱退是全身遠禍的一個法子，它更徹底，也能更有效的自保平安。所謂急流勇退、功成身退，便是一種明智的生存方法。

西元前五世紀，在今天的蘇杭一帶，有吳、越兩國。兩國雖然相鄰，但是為了爭奪霸業，互不相讓，相互對抗。後來越王勾踐敗於吳王夫差之手，不得不逃亡會稽山，忍辱負重與吳國談和。在幾經交涉後，吳國才答應讓勾踐回國。勾踐回國後

一直記著所受的恥辱，臥薪嘗膽，立誓雪恥，二十年後，終於滅掉吳國。而幫助越王成功的就是范蠡，范蠡不但是一個忠心耿耿的臣子，還是一個低調做人的智者。

勾踐這個人，臣下雖然可以與他分擔勞苦，但是不能與他共用成果。范蠡被任命為大將軍後，自忖長久在得意之至的君主手下工作是危機的根源。於是他便向勾踐表明自己的辭意，勾踐並不知道范蠡的真實意圖，於是拚命挽留他。但范蠡去意已定，搬到齊國居住，自此與勾踐一刀兩斷，不再往來。

移居齊國後，范蠡不問政事，與兒子共同經商，很快成為富甲一方的大富翁。齊王也看中他的能力，想請他當宰相，但被他婉言謝絕了。他深知「在野而擁有千萬財富，在朝而榮任一國宰相，這確實是莫大的榮耀。可是，榮耀太長久了反而會成為禍害的根源」。於是，他將財產分給眾人，又悄悄離開了齊國，到了陶地。不久後，他又在陶地經營商業成功，積存了百萬財富。可見范蠡才智過人，並具有過人的洞察力。他之所以離開越國，拒絕齊王的招聘，以及成功的經營事業，這些都源於他深刻敏銳的洞察力。

而戰國時代的商鞅卻不知功成身退，結果就慘了。商鞅仕秦孝公時，以歷史上有名的「商鞅變法」的功績，奠定了自己的地位，同時鞏固了秦國的統治。然而，他最大的不幸，就是觸犯了他強有力的靠山 —— 秦孝公。

當初，他為孝公斷然採取極其嚴厲的政治改革措施，雖為

秦國政治清明、富國強兵做出了根本貢獻，但改革也觸動了新興地主階級的利益，一時間在朝野上下樹起了數不清的政敵。有孝公支持，政敵對他也無可奈何。當時他也使孝公感到威脅。《戰國策》中記載：「孝公疾起，傳位商君，商辭而不受。」這是孝公生前故意傳位，以試他心，可見商鞅已見疑於主子。這時他本應主動「功成身退」，隱遁避險。另有趙良引用「以德者榮，求力者威」之典故力勸商鞅隱退，可商鞅在「退」字上欠火候，不以為然、固執己見。最終，孝公將他駕空，政敵也伺機報復，當秦孝公一去世，反對派們在新王即位後，紛紛策謀陷害他，終以謀反罪名被處以五馬分屍的極刑。使一世榮華頓時化為烏有，死後仍罵聲不絕。

商鞅之所以慘遭毒手，是他太不識時務，只知進，不知退，故而引起眾怒，能不死嗎？

當然，我們現在提倡「功成身退」，並不一定要引身而去，比如要到深山老林裡去，比如雇一條船在太湖裡漂啊漂，隱匿形跡。不是的，如果這樣拘泥，這就是不能圓滿解讀這種智慧了。其實還有一種「功成身退」，即使有了大功勞也不居功自傲，不擺老資格，不吃老本，不自我膨脹。這也是「功成身退」。你不張揚，更不囂張、不飛揚跋扈，不作「老子天下第一」，人家當然尊重你，還記著你昔日的功勞。

「功成身退」的現象在世界各地都有。比如美國汽車大王亨利・福特（Henry Ford），「功成身退」也是他的人生成功智慧

上的一環。在四十歲時，他成功的推行薄利多銷的經營策略，創造了福特公司日產汽車七千輛的輝煌。但福特在中年以後就退隱了。他在故鄉營造了一個住所，在那裡和家人一起過著清閒的日子。他在這安靜、愜意的農莊度過了三十二年安靜、舒服的日子，一直活到八十三歲才去世。這位當時在美國數一數二的巨富，家庭生活卻令人難以相信的儉樸，據說只用五個僕人和半個洗衣工人。但他曾以七百萬美元捐助一所醫院，又降低貨價、提高工人薪水、紅利、收容傷殘，福特公司收留的殘疾工人近萬名。這也是一種「功成身退」，也是一種人生的成功！

得饒人處且饒人

前幾天去超市的路上，看見有一個騎自行車的三十多歲的女人撞倒了一個七、八歲的小女孩兒，然後就破口大罵：「你是誰家的孩子呀，看你也不想智商低的孩子，怎麼連路也不會走呀……」後面的話更是不堪入耳。小女孩兒大概是被嚇倒了吧，一句話也不說。

當然小女孩兒也是有錯的，因為小女孩兒是逆行的，但是現在我們先撇開小女孩兒的問題不說。我想那位當眾罵人的女人也應該是位母親吧，如果有一天她的女兒被人在眾目睽睽之下如此羞辱會是怎樣的感覺，作為母親的她又會是怎樣的感覺。況且，就算她在生氣，她也應該想到那還只是一個孩子。與其當眾大罵，為什麼不換個方式呢？為什麼不選擇告訴小女孩兒應該靠右走呢？

　　從前讀紅樓夢時，其中有幾個丫鬟，曾給我留下了十分深刻的印象。譬如：平兒、晴雯、紫鵑、小紅等，其中平兒有句話：「得饒人處且饒人。」我覺得平兒這話說得好，後來翻閱資料，才知道此話原來出處：「古代蔡州褒信縣有一個道人，棋藝特別精湛。每逢下棋，總是讓人先下，即使這樣，他也從來沒輸過。道士自鳴得意，做詩云：「爛柯真訣妙通神，一局曾經幾度春。自出洞來無敵手，得饒人處且饒人。」「饒人」本指讓人一步棋，後來「得饒人處且饒人」成為表示盡量對人寬容忍讓的成語了。

　　每個人的智慧、經驗、價值觀、生活背景都不相同，因此與人相處，爭鬥難免 —— 不管是利益上的爭鬥或是是非的爭鬥。而這種爭鬥，在競爭激烈的現今社會尤其明顯。

　　大部分的人，一陷身於爭鬥的漩渦，便不由自主的焦躁起來，一方面為了面子，一方面為了利益，因此一得了「理」，便不饒人，非逼得對方徹底服軟不可。然而「得理不饒人」雖然讓你吹著勝利的號角，但這卻也是下次爭鬥的前奏；「戰敗」的一方為了一種面子和利益，他當然要「討」回來。

　　當然，「得理不饒人」是你的權利，但何妨「得理且饒人」！

　　所謂「得饒人處且饒人」，就是放對方一條生路，讓他有個臺階下，為他留點面子和立足之地，這不太容易做到，但如果能做到，對自己則好處多多。

　　古代有個人叫王烈，器度寬宏，學業精深，年輕時名望在

管甯、邴原之上。他善於教誨，鄉里有人偷牛，被牛的主人捉住，偷牛賊請求說：「甘願受刑被殺，只求不讓王烈知道。」王烈聽說後讓人前去看他，並送給他一匹布。有人詢問送布的原因，王烈說：「偷牛賊害怕我聽到他的過失，表示他還有羞恥心。既然知道羞恥，就能夠生出善心。我送給他布，就是鼓勵他從善。」後來，有一位老人將佩劍丟失在路上，一位行人看到後，便守在旁邊，到了傍晚，老人回來，找到了丟失的劍，大為驚奇，便把這件事告訴王烈。王烈派人調查，原來守劍的人就是從前那個偷牛賊。

得饒人處且饒人，就是說，做事不要太絕了。溫順的兔子在被逼急的時候還會咬人呢，做事就更要給人留迴旋的餘地，不要把人逼到絕處，即使是對手也要給他留點面子，不要趕盡殺絕，否則他一急眼，豁出自己也把你拿去墊背，就太不值得了。

有位朋友講過這麼一個真實的故事：朋友所在單位有人搬遷，單位決定把這套即將空出的單元房分配給朋友住。在移交過程中，原房主因為買下房子後曾作過裝修，就提出讓朋友從經濟上做一些補償：按原物價照價支付。朋友爽快答應了。可臨到交鑰匙的時候，原房主又要求朋友交付他在空閒期間購房款的利息。

朋友說：「太過分了。他那些舊東西現在市場上半價就可以買新的，我寧願吃點兒虧成全他。自從他提出退房，我交納了

我的購房款，也就是說從他提出退房到真正搬了出去的一年半時間裡，是我出錢他住房。他竟然還要我賠償利息！」

　　一氣之下，這位朋友撬鎖砸門，先入為主。他對原房主說：「我不是收破爛兒的，請把你的東西統統搬出去！」那房主理虧，只好強飲下他自己釀造的苦酒。

　　生活中確有這樣一類人，平常默默無聞，與人為善，處處小心，甘願吃虧；如果發起怒來，他可能讓所有認識他的人瞠目結舌。「不叫的狗，咬人最凶。」超負荷的逼迫，往往是使人產生反常舉動的導火線。

　　我們在做事時，對付那些奸詐小人時一定要做到有理、有利、有節。切莫逼兔咬人，否則，不僅事情難以成功，你自己還會受到傷害！

　　俗話說：「饒人不是痴漢。」因此，當雙方的爭論已到劍拔弩張的時候，占理得勢的一方應當有「得饒人處且饒人」的風範；切忌窮追猛打，將對方逼入死胡同。那樣不僅不能辯贏對方，反而會擴大矛盾衝突。當然，「饒人」也要講究語言藝術，這就是力求在無損於雙方面子和尊嚴的情況下達成妥協。要做到這一點，言語方式和言語內容的選擇是否恰當，就顯得格外重要了。

　　生物學家巴斯德（Louis Pasteur），一次在實驗室工作時，突然一個男子躥進來，指責他誘騙了自己的老婆。爭論中對方提出決鬥。清白占理的巴斯德其實可以將對方趕出門去，或者

奮起決鬥，但是那樣並不能解決問題，甚至會造成兩敗俱傷的嚴重惡果。這時候巴斯德沉著的說：「我是無辜的……如果你非要決鬥，我就有權選擇武器。」對方同意了。巴斯德指著面前的兩隻燒杯說：「你看這兩個燒杯，一個有天花病毒，一個有淨水。你先選擇一瓶子喝掉，我再喝餘下的一瓶，這該可以了吧？」那男子怔住了，他一下子陷於難解的死結面前，只得停止爭論與挑戰，尷尬的退出了實驗室。

無疑，正是巴斯德提出的柔中帶刺的難題，才最終使決鬥告吹，干戈止息。

凡事都要留一手

人在這個世界上折騰久了，就會生出許多「想法」，關於做事，我常對一些涉世未深的青年人說，這個世界遠非你想像中的那麼簡單，所以，不妨讓自己多一個「心眼」，只要你手中留有「一手」可以「絕對制勝」的絕招，那麼，任何時候，你就能夠處事不驚。因為你可以靜觀時變，而後全力出擊，力挽狂瀾……

有位慈祥的師父，把全身之術全部傳給了一個性情暴戾的惡徒，惡徒學藝出師，不思圖報不說，反倒認為留著「師父」多了一個「競爭對手」，憑著年少勇氣要跟師父「決鬥」，最後達到了自己罪惡的目的。

與此相反的一個例子是貓與老虎的故事。傳說貓曾做老虎的老師，教它如何發威、怒吼、卷尾、剪、撲之技，但貓思慮老

虎比自己龐大，「若日後它欲反撲於我該怎麼辦呢？」遂保留了一手爬樹的技巧，果然老虎不久就翻臉，怒欲撲食貓老師，貓老師嗖的躥上樹頂，老虎抬頭張望便無計可施了……

　　兩例可見，倘若師父留有絕招，也不致身處絕境，慈善反而為慈善所害。

　　大千世界，複雜多變，一方面要求做人立世必須有真本領，另一方面，有了真本領又不可輕易拿出，一旦在不適當的時機和場合亮出看家的本領，被人看到了自己壓箱底的絕活，就會被別人及時防範，以後再用的時候就不靈了。因此，看家的本領不可盲目輕率的拿出來，要在關鍵時刻才出手。

　　三國時期，流傳有「臥龍、鳳雛得一人而安天下」的說法，即是說，魏、蜀、吳三國，不論哪個國家得到臥龍或鳳雛其中一人即可得天下，可見鳳雛先生龐統的本事是非同尋常的。但是龐統生得怪異，不太令人喜歡，吳國孫權沒有留用他，他就去蜀國投奔劉備。此時龐統懷有孔明的推薦信，如果龐統見到劉備呈上孔明的信件，定會得到重用。但龐統晉見劉備時並沒有呈上這封信，只是以一個平常謀職者的身分求見，因此，劉備也未能重用他，只是讓他去治理一個小縣。身懷治國安邦之才的龐統沒有拒絕這個一般人瞧不起的職位，他這樣做，是他不想施展自己的雄才大略嗎？非也。他深知，靠人推薦不足以服眾人，他要在該露臉的時候才露臉。

　　果然，當劉備對他所管轄的耒陽縣的政務產生質疑時，他

當著劉備的心腹、愛弟張飛的面，將一百多天累積的公案，不到半日即處理得乾淨利索，曲直分明，令人心服口服，使張飛大為驚訝。試想劉備聽到張飛的稟報後，對龐統的才華能不暗自佩服嗎？龐統不輕易的露真本事，低姿態入場，在可以一顯身手的時候，才將自己「賣」了個好價錢。

凡事留一手，不要輕易拿出看家的本領，實乃做人的至高境界。相反，一個人在社會上，如果不合時宜過分張揚、賣弄，那麼不管多麼優秀，都難免會遭到明槍暗箭的打擊和攻奸。吳王箭射靈猴的故事留給人們的啟迪正在於此。

吳王乘船在長江中遊玩，登上獼猴山。原來聚在一起戲耍的獼猴，看到吳王前呼後擁的來了，立即一哄而散，躲到深林與荊棘叢中去了。但有一隻獼猴，想在吳王面前賣弄靈巧，牠在地上得意的旋轉，旋轉夠了，又縱身到樹上，攀緣騰蕩。吳王看這獼猴如此囂張，很是不快。就彎弓搭箭射牠，那獼猴從容的撥開射來的利箭，又敏捷的把箭接住。吳王臉都氣白了，命令左右一齊動手，箭如風卷，獼猴無可脫逃，立即被射死了。

吳王回頭對他的友人說，這靈猴誇耀自己的聰明，倚仗自己的敏捷傲視本王，以至丟了性命。要以此為戒呀！可不要用你們的姿態聲色驕人傲世啊！

吳王的朋友深為震撼，回去立即拜賢人為師，努力克服意氣神態上的缺點，生活儉樸，最後贏得了很多人的稱讚。

因此，做事不要輕易亮出真本領，留一手才是最重要的。

也就是說，在做人處世中要努力表現好的一面的同時，也要想到不利的一面，看家的本領要在適當時機再拿出，這樣才有利於自己在社會上遊刃有餘的生存。

我們做事講究留一手的智慧，尤其是看家的本領，要留在關鍵時刻才亮出，這樣才能鎮住敵人、一招制敵，達到反制的效果。

做事要留一手，正如貓師傅向虎徒弟傳授武藝一樣，最關鍵的「爬樹」功夫，被貓師傅保留了下來，以防備虎徒弟「翻臉不認師」、倒抓一把的伎倆。也就是說，凡事要保留一張「退」牌，以便危急關頭有路可走。

有這樣一則寓言，說的是一個車夫為了使拉車的驢子跑得快些，就將一把鮮嫩的青草拴在前面。青草離驢子的嘴巴有半尺遠，驢子為了吃到那把綠茵茵的青草，便拚命的向前跑。可無論怎樣用力，那把青草也到不了嘴裡。

因為人都有這樣一個通病，這就是太容易得到的東西不會太珍惜，只有自己千辛萬苦爭取到的才格外看重。

在現實中，上司受制於下屬，老實人反被朋友陷害的事例不勝枚舉。我們警惕提防，是防患於未然。假如貓因師徒情義，老老實實的把本領全部傳授給虎，恐怕就要成為虎口之食了。我們不主張去害別人，但存有防範之心，睜著一隻眼睛睡覺，無論如何都是必須的。

給自己留一點空間

人，要給自己留一道縫隙，給自己留一點空間，讓心靈透透氣，讓靈魂躲躲雨。

留一道縫隙，留一點空間，就是留一個臺階，留一個餘地，不難為別人，亦不難為自己。

在這個世上，不是所有的事物都可以緊握拳中，就像手中沙，握得越緊，失去的就越多。很多時候，我們需要給事物留一點空間，留一道縫隙。

齊白石的山水畫講求意境，這種意境便是合理分布，便是疏密有致，便是有張有弛。意境者，如齊白石的蝦、徐悲鴻的馬、鄭板橋的竹，他們的畫作都有空白，筆雖斷而意不斷。如若將其塗滿，那畫便「死」了。

家鄉老木匠做木工活，有句口頭禪是：「注意了，留一道縫隙」。聽起來，是工匠的一句行話，實際細細品味，很值得琢磨。木匠講究疏密有致，黏合貼切，該疏則疏，該密則密，不然易散落。記得前幾年，我家裝修房子，鋪木地板時，工匠就在兩塊木板之間，留一道縫隙。當時我不理解，詢問為什麼要留縫。工匠告訴我，現在裝得太「滿」，以後木地板熱脹冷縮就會出現擠壓拱起的現象。大凡，高明的裝修師都懂得恰到好處的留一道縫隙，給組合材料留足吻合的空間，免得日後出現問題。

其實，做事與處世，和木匠的工藝原理一樣，也講究「留

一道縫隙」，留一些人際吻合的空間。我反思一下，我這一生不就吃虧在處事較真，不會變通麼？幹工作，堅持原則，一是一，二是二，木魚老殼不開竅。後來經過了一些事後，看問題也豁達了，覺得大可不必較真。俗話說：尺有所短，寸有所長。自己有自己的信條，別人也有別人那麼處事的理由。何苦在乎與自己不合拍呢。

有個典故裡有句話說得好：「萬里長城今猶在，而今不見秦始皇」。我們每一個人，在歷史的舞臺上只不過是匆匆過客，我們相處於一起就是緣分，要珍惜。留一道縫隙，給自己，也給他人。

大千世界，滾滾紅塵，潮漲潮落，生生不息。面對名與利，面對個人與集體，寂寞與熱鬧，失敗與成功，現實與未來，有的人為自己留一點空間，舉重若輕，收獲豐盈的人生，而有的人卻不堪擠壓和重負，羈絆於生命之重。學會留一點空間，這是生命的大哲學。

莊子就為自己留了一點空間。先秦諸子，誰不想做官？誰不想透過世俗的權力來實現自己的烏托邦之夢？但濮水之畔的莊子心如澄澈秋水，心如不繫之舟。面對兩個身負楚王使命的使者，他持竿不顧。權勢於莊子並沒有什麼吸引力，真正吸引他的是清波粼粼的濮水。於是歷史記錄了他那至今還在茫茫天宇迴蕩的聲音：「往矣！吾將曳尾於塗中。」一句話，便推掉了在俗人看來千載難逢的發達機遇，將許多人甚至願意用生命來

求取的相位扔進了濮水。

莊子守護著自己的靈魂，為心靈留下了自由舒展的空間，他的靈魂也成為一個神話，於是也就有了一棵孤獨的在深夜看守心靈月亮的樹。

蘇軾也為自己留了一點空間。腹有詩書氣自華的蘇軾一生坎坷，從「烏臺詩案」開始，他被一貶再貶。他曾哀嘆過，彷徨過，接踵而至的災難曾一度壓得他喘不過氣來，但他最終還是給自己的心靈敞開了一道吸納清風明月的縫隙。面對險惡，蘇軾唱出了「莫聽穿林打葉聲，何妨吟嘯且徐行」；面對茫茫天宇，他唱出了「一簑煙雨任平生」、「也無風雨也無晴」。於是他的生命中回蕩著倜儻灑脫的華彩樂章。

福樓拜更為自己留了一點空間。一個世紀以前，在巴黎鄉下一棟亮著青燈的木屋裡，大文豪福樓拜每天拚命的工作，他不接受採訪，不看報紙，但他給自己留出一道縫隙 —— 每天看日出。福樓拜每天看日出，伴著剛剛蘇醒的樹木和玻璃般翠綠的青草，呼吸著泥土的芳香和果蔬的甘甜。於是，他每天都擁有了溫馨和朝氣，能夠寧靜、快樂，充滿活力的工作著。留一道縫隙，清晨看日出，福樓拜在為自己的生命舉行升旗禮！

學會給自己留一點空間，是人生的大哲學；不能為自己留一點空間，則是人生的大遺憾。

項羽沒有給自己留一點空間，烏江之畔，血染長空。這位「力拔山兮氣蓋世」的英雄，身陷四面楚歌之境，他思想的空間

被遺憾、羞辱和絕望占滿，已沒有可供迴旋的縫隙。在衣袂飄飄，長袖舞動中，心愛的人兒香銷玉殞。面對著如泣如訴的滔滔江水，悲嘆著「無顏見江東父老」，一抹寒光閃過，一個悲壯的瞬間便定格於歷史的江河。於是，滾滾江水千百年來一直嗚咽的訴說一個悲戚的故事。

川端康成沒有給自己留一點空間，他的生命最終在不堪忍受的擁擠中凋謝了。離開這個世界之前，他曾無助的嘆息：「太擁塞了！」「我希望從所有名譽中擺脫出來，讓我自由。」可見，擁塞足以致命。面對別人的盛情邀請，面對各種應酬，他不會拒絕，只能疲於應付。他的生活空間塞得太滿，令他幾乎喘不過氣來。於是，在巨大的精神壓力面前，這位諾貝爾文學獎獲得者終於崩潰。

奔騰不息的歲月之河從古代流到現代，它用哲人的睿智告訴我們，面對陰晴圓缺，悲歡離合，面對花開花落，得失成敗，面對風霜雨雪，電閃雷鳴，面對燈紅酒綠，名韁利鎖，最難得的是為自己留一點空間！

平時處事，如果事事專於心計，利害當頭，互不相讓，凡事追求「圓滿」，人與人之間的關係就會緊張，就會裂變。人如果追求完美，追求精益求精，便會患得患失，倍感壓力，精神備受折磨。留一點縫隙，給自己多一點自由空間，讓自己平靜下來，便能事半功倍，達到出人意料的好結果。

留一點縫隙給別人，留一片空間給自己。任何時候，都不

要放棄自我，當然，任何時候，也不要目中無人。只有這樣，我們才能贏得自己的主陣地，同時，也能吸引別人的目光。在尋求伯樂之前，我們首先要保證自己確實是一匹千里馬。

為自己留一條後路

一個人，無論做什麼事都要為自己留條後路，俗話說「留得青山在，不怕沒柴燒」，如果在你力量還沒有達到的情況下，只是一味的向前沖，「撞了南牆不回頭」，最後只能是徹底的失敗，再也爬不起來。所以，要想獲得成功，要想從失敗中爬起來，就要學會預先為自己留條後路，保留實力，懂得在「矮簷」下低頭的道理，不要以卵擊石。

聰明人對於任何事情，在任何時候都會為自己留一條後路，尤其是身在自己不熟悉的環境中，或者做從沒有經歷過的事情更是如此。如果輕率做出決定而沒有實現，其後果常常會使你陷入不利的境地。

一件事情往往只顯現出他的三分而留七分在其後，不管事情發展如何你都會有足夠的空間去掌握。曾有兩個村莊位於沙漠的兩端，若想到達對面的村莊，有兩條路可行。一條要繞過大漠，經過週邊的城市，但是得花二十天的時間才能到達；如果直接穿過大漠，只要三天就能抵達。但是，穿越沙漠卻很危險，有人曾經試圖橫越，卻無一生還。

有一天，有位智者經過這兩個村落，他教村裡的人們找許多的胡楊樹苗，每一公里便栽種一棵樹苗，直到沙漠的另一

端。這天，智者告訴村裡的人：「如果這些樹苗能夠存活下來，你們就可以沿著胡楊樹來往；若沒有存活，那麼每次經過時，就記得要把枯樹苗插深一些，並清理四周，以免傾倒的樹木被流沙淹沒了。」

結果，這些胡楊樹苗種植在沙漠中，全被烈日烤死，不過卻也成了路標，兩地村民便沿著這些路標，平平安安的走了十多年。

有一年夏天，一個外地來的僧人，堅持要一個人到對面的村莊去化緣。大家見無法阻止，便叮嚀他說：「師父您經過沙漠的時候，遇到快傾倒的胡楊時一定要向下再紮深些，如果遇到將被淹沒的胡楊，記得要將它拉起，並整理四周。」僧人點頭答應，便帶著水與乾糧上路了。

但是，當他遇到將被沙漠淹沒的胡楊樹時，卻想：「反正我只走這麼一趟，淹沒就淹沒吧！」於是，僧人就這麼走過一棵又一棵即將消失在風沙裡的胡楊，看著一棵棵被風暴吹得快傾倒的樹木一一傾倒。

然而就在這個時候，已經走到沙漠深處的僧人，在靜謐的沙漠中，只聽見呼呼的風聲，回頭再看來時路，卻連一棵胡楊樹的樹影都看不見了。此刻，僧人發現自己竟失去方向了，他像個無頭蒼蠅似的東奔西跑，怎麼也走不出這片沙漠。

就在他只剩下最後一口氣時，心裡懊惱的想：「為什麼不聽大家的話？如果我聽了，現在起碼還有退路可走。」

　　留條後路，其實不是讓自己有遁逃的機會，而是讓我們重新起步時，能夠看見前路的錯誤足跡，汲取教訓，不再重蹈覆轍。

　　為自己留後路的方式有很多種，比如在關鍵時刻放人一把，就是給自己留了後路。否則，對人趕盡殺絕，把別人逼上絕路的時候，自己也不知不覺中跟隨著上了絕路。沒有死腦筋，不鑽死胡同，那也是給自己留了一條後路。再者，為人誠實可靠，擁有廣闊的人際關係，這更是給自己的一條最好的後路。

電子書購買

國家圖書館出版品預行編目資料

反向致勝:隔岸觀火不燙手、馬屁拍好升官早!
學會「非」常態處世法,讓你操縱他人心想事
成 / 徐定堯,老泉 編著 . -- 第一版 . -- 臺北市 :
財經錢線文化事業有限公司 , 2022.11
　　面; 　公分
POD 版
ISBN 978-957-680-540-0(平裝)

1.CST: 修身 2.CST: 成功法

192.1　　　111017657

反向致勝:隔岸觀火不燙手、馬屁拍好升官早!學會「非」常態處世法,讓你操縱他人心想事成

臉書

編　　著:徐定堯,老泉
發 行 人:黃振庭
出 版 者:財經錢線文化事業有限公司
發 行 者:財經錢線文化事業有限公司
E - m a i l:sonbookservice@gmail.com
粉 絲 頁:https://www.facebook.com/sonbookss/
網　　址:https://sonbook.net/
地　　址:台北市中正區重慶南路一段六十一號八樓 815 室
Rm. 815, 8F., No.61, Sec. 1, Chongqing S. Rd., Zhongzheng Dist., Taipei City 100, Taiwan
電　　話:(02) 2370-3310　傳　　真:(02) 2388-1990
印　　刷:京峯彩色印刷有限公司 (京峰數位)
律師顧問:廣華律師事務所 張珮琦律師

定　　價:375 元
發行日期:2022 年 11 月第一版
◎本書以 POD 印製

獨家贈品

親愛的讀者歡迎您選購到您喜愛的書，為了感謝您，我們提供了一份禮品，爽讀 app 的電子書無償使用三個月，近萬本書免費提供您享受閱讀的樂趣。

ios 系統

安卓系統

讀者贈品

請先依照自己的手機型號掃描安裝 APP 註冊，再掃描「讀者贈品」，複製優惠碼至 APP 內兌換

優惠碼（兌換期限 2025/12/30）
READERKUTRA86NWK

爽讀 APP ━━━━━━━━━━━━━━━━━━━━━━━━━━

📖 多元書種、萬卷書籍，電子書飽讀服務引領閱讀新浪潮！

🎧 AI 語音助您閱讀，萬本好書任您挑選

🔍 領取限時優惠碼，三個月沉浸在書海中

🔔 固定月費無限暢讀，輕鬆打造專屬閱讀時光

不用留下個人資料，只需行動電話認證，不會有任何騷擾或詐騙電話。